Josefina L. Martínez

Amazon desde dentro: el secreto está en la explotación

Primera edición, febrero 2024

© de los textos Josefina L. Martínez
© del prólogo Pastora Filigrana
© de la portada Alberto Fernández
© Escritos Contextatarios (Revista Contexto, S.L.)

Escritos Contextatarios
Directores de la colección: Ignacio Echevarría y Miguel Mora
Edición del texto: Adriana Mora y Adriana Torres
Diseño de la colección: Alberto Fernández
Maquetación de la colección: Ignacio Rubio

Editorial Escritos Contextatarios,
calle Bravo Murillo 28, 8º izquierda, 28015 Madrid

Revista Contexto SL
info@ctxt.es
www.ctxt.es

ISBN: 978-84-127996-3-7
DL: M-3536-2024

Impreso por Quares en España

Josefina L. Martínez

Amazon desde dentro: el secreto está en la explotación

Prólogo de Pastora Filigrana

Escritos
Contextatarios

Índice

Prólogo

Trabajar más por menos sin quejarse

Pastora Filigrana

Urge reinventar las nuevas máquinas de guerra para las luchas sindicales que la actual ofensiva neoliberal está exigiendo. El capital se reinventa cada día en su estrategia para obtener una fuerza de trabajo más productiva y barata. Los dueños del capital tienen una inmensa voracidad de cuerpos dispuestos a trabajar mucho por muy poco y sin quejarse, y para ello utilizan todas las estrategias posibles a su alcance.

Trabajar por menos

Una de estas estrategias es la llamada desregulación laboral, que persigue destruir cualquier política pública que pretenda compensar la desventaja material que las personas trabajadoras tienen frente a la patronal. Hasta ahora, los derechos laborales y sociales, fruto de las luchas obreras, han pretendido compensar a las personas que solo tenían su energía vital o fuerza de trabajo para vender en el mercado a cambio de un salario, frente a quienes tienen la propiedad de los recursos y los medios de producción. En este afán desregulador, las pensiones, las prestaciones de desempleo o los convenios colectivos se ven amenazadas bajo el discurso del «libre mercado». Una fantasía neoliberal donde se concibe a grandes multinacionales como Amazon y a las personas trabajadoras como sujetos en igualdad de condiciones, «libres» de pactar las condiciones laborales que crean conveniente, sin que ninguna norma pueda prohibir que alguien trabaje 20 horas al día, o cobre un euro por hora de trabajo si esa es «su voluntad».

Otra de las grandes estrategias del capital para saciar este deseo voraz de un trabajo más barato y servil es el régimen internacional de fronteras. Una compleja red de fronteras físicas, jurídicas, administrativas y militares cada vez más tecnificadas divide el mundo y garantiza por un lado la continua extracción de riquezas y recursos desde el sur al norte global, impidiendo a su vez el libre desplazamiento de personas del sur al norte. Un método que permite el control de grandes masas de personas trabajadoras del sur desposeído. Las fronteras no sirven para frenar la entrada de personas migrantes, sino para que entren convertidas en cuerpos baratos. Así, la política de fronteras de los países occidentales solo permite la entrada de personas sin estatus de ciudadanía y continuamente amenazadas por la deportación, lo que genera una desesperación vital que obliga a trabajar mucho y por muy poco a quienes la padecen. El método de la frontera se justifica a través del discurso racista que mantiene que no todas las vidas valen lo mismo y que el acceso a la riqueza debe reservarse únicamente a las sociedades «civilizadas» del norte global.

En su deseo de encontrar cuerpos baratos, el capital es experto en interseccionalidad: rentabiliza la intersección de raza y género al reservar los trabajos con menor reconocimiento social y salarial a las mujeres racializadas que no habitan en el norte global. Véanse por ejemplo las maquilas, las cadenas internacionales de cuidados o quienes hacen el trabajo más duro en las cadenas de producción de los agronegocios.

El endeudamiento también es una herramienta de abaratamiento del salario que se aplica indiscriminadamente a todas las personas trabajadoras. La deuda es un mecanismo más de disciplinamiento y contención de la protesta. Cuando la pérdida del trabajo puede suponer también la pérdida de la vivienda, por no poder hacer frente a una hipoteca o a un alquiler, las posibilidades de que una persona trabajadora secunde una protesta o una huelga se ven reducidas. En el caso de las personas migrantes, a las deudas por el pago de una vivienda o de los gastos sanitarios se les suman las deudas para pagar los gastos del viaje, la compra del empadronamiento o de un contrato de trabajo para poder regularizar su situación en los estrechísimos márgenes que deja la ley de extranjería.

Trabajar más

Pero el capital no sólo desea que las personas trabajen por menos salario; también quieren que trabajen más tiempo. Para ello, la tecnología se pone al servicio del control y disciplinamiento de las personas trabajadoras. Automatización, robótica e Inteligencia Artificial (IA) son los nuevos capataces que pretenden hacer productivo cada segundo de trabajo, intentado dar cumplimento al sueño distópico del capitalismo de borrar cualquier rasgo humano del trabajador y convertirlo en una extensión de la máquina. Son ejemplos de esto los geolocalizadores de los repartidores de Glovo o Uber, que miden el tiempo exacto de cada servicio, o los dispositivos de medición del tiempo para encontrar un paquete en un almacén de los trabajadores de Amazon, tal como relata Josefina Martínez en este libro. Estrategias de control del trabajo que van de la mano del disciplinamiento a través de las sanciones, si los trabajadores no cumplen con los estrechos criterios medidos por estas tecnologías, bien sea la menor asignación de pedidos para los repartidores o las amonestaciones para los trabajadores de almacén de Amazon, que pueden acabar en despidos.

Y trabajar sin quejarse

Cuando se pretende que las personas trabajen más por menos, el riesgo de la conflictividad social y sindical es constante. Para mitigar ese peligro, el capital reinventa cada día nuevas formas de prevención y represión de la protesta.

Las nuevas formas de desregulación laboral vienen acompañadas de estrategias de atomización del trabajo, cuyo fin es evitar el encuentro y la autoorganización de las personas trabajadoras. El trabajo de plataforma y la uberización del modelo productivo, en el que ya no existe un centro de trabajo, ni compañeros, ni siquiera un jefe visible ante el que protestar, consigue el objetivo de evitar el encuentro de las personas que trabajan. En los sectores donde puede existir un modelo de organización del trabajo más tradicional, como las fábricas o los almacenes, la atomización y fragmentación de las plantillas se consigue a través de empresas filiales y de subcontratas que desdibujan a la patronal. A esto se le suma la utilización de diferentes estatus de contratación, indefinida o temporal, para evitar en todo lo posible la construcción de común entre compañeros de trabajo.

Pero, cuando la prevención falla y la autoorganización de las personas trabajadoras da paso a la protesta, suele aparecer la represión. Nos hemos acostumbrado a ver una desmedida presencia policial en las protestas sindicales, por modestas que estas sean. Todas guardamos en nuestra memoria la dura represión de la «marcha negra» de los mineros y sus familias en Madrid en 2012, o más recientemente la tanqueta militar reprimiendo las protestas en la huelga del metal en Cádiz, en 2021.

A escala internacional, cada vez se legisla más para limitar los derechos sindicales. El antisindicalismo no solo es propio de países como Estados Unidos, también en la Europa cuna de los derechos fundamentales está cada vez está más amenazado el derecho de huelga. En el Estado español hacer huelga es un derecho fundamental a pesar de que aún esté regulado por un Real Decreto de 1977 y haya hecho falta pleitear durante décadas en los tribunales para conseguir una jurisprudencia que lo desarrolle. En el año 2021, se derogó el artículo 315.3 del Código Penal que castigaba con cárcel los piquetes en las huelgas y por el que más de trescientos sindicalistas habían sido procesados. Sin embargo, la represión sindical encontró nuevas formas. La justicia se ceba con peticiones de penas de prisión y multas a sindicalistas por delitos de desórdenes, desobediencia o coacciones que desgastan los recursos y las energías de los sindicatos de base. Igualmente, las recurrentes sanciones administrativas a las protestas sindicales mediante la aplicación de la Ley de Seguridad Ciudadana, conocida como «Ley Mordaza», exigen continuamente poner en marcha campañas de solidaridad y apoyo frente a la represión sindical.

Las luchas sociales y sindicales necesitan estar a la altura de esta ofensiva. No se trata de deshacerse de la experiencia de las batallas laborales de los últimos doscientos años. Se trata de que el sindicalismo de clase incorpore una mirada antirracista y feminista para leer la actual división internacional del trabajo y un eje norte-sur que no se corresponde únicamente con una división meramente geográfica. Y se trata también de reinventar un modelo de sindicalismo capaz de operar frente a formas de organización del trabajo atomizadas, donde la fábrica es una plataforma online, el patrón es un algoritmo, los compañeros son competidores y el contrato laboral se sustituye por el emprendimiento personal. El reto es inventar las huelgas, sabotajes y acciones sindicales capaces de incidir en un contexto de atomización, uberización y digitalización del trabajo.

Y para diseñar estas nuevas estrategias no está siendo suficiente recurrir a la teoría, se hace necesario mirar las prácticas. Existen sectores que han estado históricamente desregulados y atomizados, como el del trabajo doméstico, donde las trabajadoras han tenido la necesidad de reinventar sus formas de organización sindical y sus estrategias de lucha frente a una patronal que no está constituida. Y lo han hecho en un sector altamente feminizado y racializado, en el que la intersección del género y la raza es un factor clave para la precarización del trabajo. Ante esto, construir la lucha desde una perspectiva de clase, feminista y antirracista no ha sido una opción políticamente correcta, pero se convierte en una necesidad cuando se enfrenta una explotación laboral específica por ser mujer y migrante.

También las luchas de las personas trabajadoras de Amazon están dejando pistas sobre cómo construir conflictos sindicales en el siglo XXI frente a monopolios depredadores que son verdaderos laboratorios del funcionamiento del neoliberalismo a escala global. Las luchas de Amazon están enfrentándose a sofisticadas formas de control del trabajo a través de la tecnología, y al crecimiento de discursos y prácticas abiertamente antisindicales. Para que las batallas sindicales en Amazon prosperen, es preciso proyectar un nuevo internacionalismo obrero. No solamente a través de las necesarias alianzas trasnacionales entre las personas trabajadoras de los países donde opera Amazon, sino dentro de los propios centros de trabajo, donde la presencia de mano de obra migrante y la diversidad de lenguas y culturas es muy elevada, por lo que la unidad requiere trabajar con una realidad previamente fragmentada por el racismo y el colonialismo.

Este libro recoge las voces en primera persona de quienes están enfrentando los retos de construir un sindicalismo que no se conforma con perseguir determinadas mejoras laborales, sino que plantea un cuestionamiento de la ordenación económica y social del mundo desde el corazón de la bestia. Sus errores y sus aciertos son, están siendo ya, una aportación imprescindible a las prácticas de luchas que pretendan cambiarlo todo.

Amazon desde dentro: el secreto está en la explotación

Introducción

«Somos trabajadores de Amazon y hacemos un llamado al CEO Andy Jassy y al CEO de Amazon Web Services Adam Selipsky a poner fin de inmediato a la complicidad de la empresa con el genocidio de palestinos en Gaza». Así arrancaba una petición de trabajadores de Amazon en noviembre de 2023, denunciando los servicios tecnológicos y de inteligencia artificial que Amazon brinda al Estado de Israel.

En octubre de 2021, más de cuatrocientos trabajadores de Amazon y Google ya habían protestado contra el Proyecto Nimbus, un contrato de 1.200 millones de dólares entre esas empresas y el gobierno de Israel para proporcionar servicios digitales al ejército de ocupación. Nimbus tenía el objetivo de crear un «ecosistema digital» para lograr «una mayor vigilancia y recopilación ilegal de datos sobre los palestinos», además de facilitar la «expansión de los asentamientos ilegales de Israel en tierra palestina», denunciaban los trabajadores.

«Nos vemos obligados a pedir a la dirección de Amazon y Google que se retiren del Proyecto Nimbus y corten todos los lazos con el ejército israelí. Hasta el momento, más de noventa trabajadores de Google y más de trescientos de Amazon han firmado esta carta internamente. Lo hacemos de forma anónima porque tememos represalias», aseguraban los trabajadores. Denunciaban que el contrato «se firmó la misma semana en que el ejército israelí atacó a los palestinos en la Franja de Gaza, matando a casi doscientas cincuenta personas, incluidos más de sesenta niños. La tecnología que nuestras empresas desarrollan para este proyecto hará que la discriminación y el desplazamiento sistemáticos llevados a cabo por el ejército y el Gobierno israelíes sean aún más crueles y mortíferos para los palestinos».

De forma colectiva, los trabajadores apelaban a un compromiso internacionalista: «No podemos mirar para otro lado, ya que los productos que construimos son utilizados por Israel para negar a los palestinos sus derechos básicos, obligarlos a salir de sus hogares y atacarlos en la Franja de Gaza, acciones que han provocado investigaciones de crímenes de guerra por parte de la corte penal internacional». Los trabajadores señalaban que el Proyecto Nimbus era parte de un «perturbador patrón de militarización» en los servicios de las empresas tecnológicas. Google, Amazon, Microsoft y otras empresas tienen contratos con el ejército de Estados Unidos, el Servicio de Inmigración (ICE), la CIA y agencias policiales.

En octubre de 2023, cuando terminaba de dar forma a este libro sobre las luchas de los trabajadores de Amazon, nos conmocionaba el genocidio de Israel en Gaza. Bombardeos masivos a la población civil, el desplazamiento forzado de millones y la planificación de una nueva masacre contra un pueblo que resiste la ocupación de sus territorios hace setenta y cinco años.

Las luchas contra la explotación, contra la precariedad y las prácticas antisindicales de empresas como Amazon comienzan a tejer lazos con las luchas de los pueblos oprimidos como el de Palestina. En momentos en que la barbarie y la hipocresía de los Estados más poderosos del mundo adquiere formas siniestras, esos pequeños gestos son muy importantes. Indicios de algo nuevo, que, si se multiplica, abriría la posibilidad de un futuro alternativo a este presente de distopía capitalista.

Este libro está inspirado por algunas de las luchas más importantes de los trabajadores de Amazon en los últimos años: huelgas de David contra Goliat en el corazón de la bestia. He escrito sobre algunas de estas luchas obreras en la revista *CTXT* desde hace varios años. Para preparar este libro, entrevisté especialmente a trabajadores y activistas que participan en procesos de lucha en Amazon España, Amazon Reino Unido y en grandes empresas de logística en Estados Unidos. Las lectoras y lectores encontrarán también referencias a autores que han analizado la reconfiguración de la clase trabajadora en el siglo XXI, las luchas en Amazon y el sector de la logística. La intención es mapear algunos de estos debates y brindar algunas referencias bibliográficas para quienes estén interesados en profundizar en el tema.

Agradezco a los amigos de *CTXT* la propuesta de publicar este trabajo para mostrar que el secreto de Amazon está en la explotación y a Pastora Filigrana por su prólogo. Agradezco especialmente a Garfield Hylton, Daniel García Rodríguez y Luigi Morris sus testimonios y reflexiones, así como los de otros trabajadores y trabajadoras de Amazon que tuve el gusto de conocer estos años en piquetes y huelgas. Sus luchas contra una de las multinacionales más emblemáticas del capitalismo actual son parte de las experiencias, avances y retrocesos de una nueva clase trabajadora que está empezando a dar batalla. Por eso son inspiradoras y merecen ser contadas. Lo intentaremos en estas páginas.

1. Postales de una protesta global contra Amazon

El 5 de agosto de 2023, cientos de manifestantes se agruparon frente al almacén de Amazon BHX1 en Coventry, Inglaterra, para participar en los piquetes de huelga. Los trabajadores consiguieron bloquear el centro laboral, en una acción que muchos calificaron de «histórica». «Hemos logrado cerrar el almacén. El apoyo de todos aquí ha hecho que los jefes hayan tenido que cerrar». Darren Westwood, uno de los huelguistas del sindicato GMB de Amazon, comentaba que lo habían conseguido con el apoyo de todos los trabajadores.[1] La gerencia decidió enviar a los trabajadores del turno de día a su casa antes de hora, sin descontarles nada de la nómina, y a los que trabajan en horario nocturno les dijeron que no fueran a trabajar.

Un trabajador de la plataforma NHS Workers Say No, en lucha contra la privatización del sector sanitario, se dirigió así a los manifestantes: «Creemos en el

---

1   Hannah Davenport, «How striking workers shut down an Amazon warehouse» ('Cómo los huelguistas cerraron un almacén de Amazon'), *Left Foot Forward*, 8 de agosto de 2023.

poder de los trabajadores para organizarse, para reconocer su valor, para levantarse y exigir algo mejor. Me inspiró la valentía de los trabajadores de Amazon. Nos da coraje en nuestra batalla. Nos da coraje cuando luchamos por nosotros mismos, por nuestro Servicio Nacional de Salud y nuestros servicios públicos. Sacamos fuerzas de los trabajadores que convocaron esa huelga salvaje».[2] Trabajadores de varios sindicatos se acercaron ese día hasta la sede de Amazon para apoyar la huelga. Se cumplía un año desde el inicio de las acciones sindicales en ese almacén. Durante este período, los trabajadores llevaron adelante hasta 26 jornadas de huelga, la organización fue creciendo y lograron sumar más apoyos.

Las primeras huelgas en Coventry habían sido «salvajes». Así se denomina en Reino Unido a las huelgas no autorizadas por el Estado. Desde la época de Margaret Thatcher, los requerimientos legales para convocar una huelga son bastante difíciles. En enero de 2023, los trabajadores realizaron su primera acción legal, después de que el 98% de la fuerza laboral del centro votaran a favor de salir a la huelga, en una lucha por el aumento salarial. Desde entonces, exigen el pago de quince libras por hora y rechazan el ridículo aumento de 0,5% propuesto por la empresa sobre un salario actual de 10,42 libras por hora. Los trabajadores luchan por mejorar sus salarios, las condiciones de

---

2   Sophie Squire, «Mass picketing shutdowns Amazon warehouse in Coventry» ('Piquetes masivos cierran el almacén de Amazon en Coventry'), *Socialist Worker*, 6 de agosto de 2023.

trabajo y de vida, en medio de un alza sin igual de la inflación en Reino Unido, con cifras récord que no se vivían desde hace cuarenta años. También cuestionan las extensas jornadas, en un trabajo que implica mucha carga física y mental. Los trabajadores de Coventry han denunciado la multiplicación de accidentes laborales, la falta de prevención y cuidados sanitarios. El lema «No somos robots» puede verse en los carteles de los huelguistas.

El sindicato GMB inició un proceso legal para su reconocimiento por la patronal en abril de 2023. En septiembre contaban con el apoyo de seiscientos trabajadores que se habían afiliado en el centro de Coventry, pero Amazon se sigue negando a reconocerlos. La pelea por la sindicalización en Amazon Reino Unido lleva varios años. Como en Estados Unidos, la empresa pone obstáculos de todo tipo para evitar la organización sindical. Lo que quiere es trabajadores esclavos, sin derechos.

«Hay una guerra interna»

Del otro lado del océano, en el almacén de Staten Island, en New York, los trabajadores lograron formar el primer sindicato de Amazon de Estados Unidos en 2022. En abril de ese año se conoció el resultado favorable en la votación por el sindicato: 2.654 trabajadores votaron a favor de sindicalizarse, mientras que 2.131 lo hicieron en contra, según un recuento de la Junta Nacional de Relaciones Laborales (NLRB). Los trabajadores y activistas lo calificaron como una «victoria histórica», una lucha de David contra Goliat. Amazon es el segundo empleador privado más grande de Estados Unidos y un enemigo acérrimo de la organización sindical. El resultado favorable de la votación se obtuvo después de una fuerte campaña por parte de los activistas, enfrentando todo tipo de maniobras, intimidaciones y tácticas antisindicales de la empresa. Amazon invirtió más de cuatro millones de dólares en lo que se conoce en Estados Unidos como «consultorías antisindicales». Esto es, grandes estudios de abogados y personal de derechos humanos especializado en atacar la organización de los trabajadores. Las tácticas antisindicales incluyen todo tipo de maniobras. Desde campañas de desprestigio a los organizadores sindicales, investigando su vida personal y familiar para difundir noticias falsas, hasta la realización de reuniones intimidatorias con grupos de tres o cuatro trabajadores por vez, durante varias horas, en horario laboral, con personal jerárquico presente, para «convencerlos» de rechazar al sindicato.

En mayo de 2022, pocos días después de haber ganado la pelea por el sindicato, Amazon despidió a varios activistas sindicales. Entre ellos se encontraba Tristan Lion, quien había sido parte del proceso de organización. En un comunicado, el trabajador despedido explicaba que «Amazon ha pasado a la ofensiva contra la organización sindical» porque «esta victoria de los trabajadores claramente ha sido una pesadilla para personas como Jeff Bezos, que se benefician de la explotación de la fuerza de trabajo».

«Mi despido no es solo un ataque contra la ALU (Amazon Labor Union). Es un ataque contra todos los trabajadores que están organizando sindicatos en todas partes. Vemos esto con Starbucks, donde los organizadores también están siendo despedidos. Amazon ni siquiera quiere reconocer el sindicato en [el almacén] JFK8. No podemos dejar que los patrones hagan lo que quieran y nos despidan por tratar de mejorar nuestras condiciones de trabajo. No podemos dejar que nos aíslen y nos acaben uno a uno en la sombra. Esta lucha hay que hacerla por todos los trabajadores que luchan por los sindicatos».[3]

Las operaciones antisindicales de Amazon se trasladaron rápidamente a otros almacenes de Nueva York para evitar el «contagio» del virus sindical. Madeline Wesley, trabajadora de un centro de distribución, explicaba que «la dirección ha estado tratando de promover la intolerancia, abriendo así la brecha entre los trabajadores». Esto incluía difundir «bulos racistas sobre Chris Smalls (el presidente de ALU) de forma rutinaria» y también «bulos sexistas sobre mí, tratando de minar mi autoridad como mujer joven comprometida con el sindicato». «Los represores sindicales nos han estado lanzando insultos homofóbicos», añadía. «Hay una guerra interna». Un año antes del triunfo del ALU en Nueva York, los trabajadores de un centro de Amazon en Alabama, en el sur del país, habían intentado formar su propio sindicato, lo que fue impedido por las operaciones antisindicales de la empresa con amenazas de todo tipo.

---

3 Comunicado de Tristan Lion publicado el 9 de mayo de 2022. Accesible en la web *IzquierdaDiario.es*, «Despidieron a organizador sindical de Amazon: «Es un ataque contra todos los trabajadores»», 11 de mayo de 2022.

Como indican los sindicalistas Stuart Appelbaum y Christy Hoffman, la actividad antisindical en Estados Unidos implica «alrededor de 340 millones de dólares anuales, según el Economic Policy Institute, y está siendo puesta en práctica por verdaderos especialistas en una guerra psicológica que roza la ilegalidad».[4] Amazon no duda en utilizar la persecución, la intimidación, el racismo, el machismo y la homofobia para dividir a los trabajadores y «abrir la brecha» entre ellos. Martin Jay Levitt, un exasesor de campañas de represión sindical escribió un libro llamado *Confessions of a Union Buster* ('Confesiones de un rompesindicatos', Nueva York, Crown Publishers, 1993). Allí dice que «una campaña contra los sindicatos es un asalto a los individuos y una guerra contra la verdad. La única manera de impedir una unión sindical es con la mentira, la distorsión, la manipulación, la amenaza y siempre con el ataque». Su libro se puede comprar en la plataforma de Amazon.

#MakeAmazonPay

El viernes 26 de noviembre de 2021 se vivía otro Black Friday con huelgas y protestas contra Amazon en más de veinte países. Los activistas y sindicatos lanzaron el hashtag #MakeAmazonPay. La jornada incluyó paros de los camioneros que hacen las entregas de Amazon en Italia y huelgas en almacenes de Francia,

---

4   Stuart Appelbaum y Christy Hoffman, «Amazon contra los trabajadores», *CTXT*, 26 de febrero de 2021.

además de pequeñas acciones de activistas en Sudáfrica, Bangladés y Camboya. «En cada eslabón de esta cadena de abusos estamos luchando para que Amazon pague. Somos trabajadores y activistas divididos por la geografía y por nuestro papel en la economía global, pero unidos en nuestro compromiso de hacer que Amazon pague salarios justos, pague impuestos y pague por su impacto en el planeta», aseguraban en un manifiesto unitario.

En España, las huelgas más importantes contra Amazon se vivieron en 2018. El 21 y 22 de marzo de ese año los trabajadores del almacén de San Fernando de Henares, a 22 km de Madrid, fueron a la huelga para desafiar al gigante del comercio electrónico. El centro MAD4, con una estructura de 75.000 metros cuadrados albergaba entonces a 2.000 trabajadores (1.100 de plantilla y 900 de ETT). Fue el primer gran almacén de Amazon en España, y sigue siendo uno de los más grandes, junto con el del Prat en Barcelona. Desde el comité de empresa denunciaron las prácticas antisindicales por parte de Amazon durante esos días. El departamento de Recursos Humanos preguntaba uno por uno a los trabajadores si iban a hacer huelga y advertía que tendrían que hacer horas extra para recuperar lo perdido, una «devolución obligatoria» de las horas no trabajadas.

En julio de ese año, otra huelga de 72 horas en Madrid logró gran repercusión mediática. En las puertas de la empresa hubo escenas de fuerte represión. Estuve presente en aquellos momentos, acompañando a los trabajadores y trabajadoras, y así lo contábamos en *CTXT*:

Segunda jornada de lucha en el almacén de Amazon en San Fernando de Henares: el 80% de la plantilla fija acata el llamado a la huelga. La policía golpea a trabajadoras y trabajadores que participan de los piquetes informativos. Dos detenidos y varios heridos. Así transcurría el Prime Day 'épico' de Amazon este martes.

Ana trabaja en la empresa hace cinco años, es madre soltera y secunda la huelga con sus compañeros. Después de recibir los porrazos de la policía, llora de rabia: «Están atacando a mujeres y a personas desarmadas, que solo tenemos nuestras manos para trabajar». Uno de los trabajadores detenidos tuvo que ser atendido en el hospital y le dieron siete puntos en la mandíbula. Su camiseta quedó teñida de sangre.

Después de las cargas policiales, los trabajadores se reagruparon en asamblea: «Ahora estamos más unidos que nunca», aseguraba Luis Miguel Ruiz, delegado por CGT en el comité de empresa. «Que viva la lucha de la clase obrera», respondían sus compañeros, entre aplausos.

«Los antidisturbios han venido aquí en contra de los trabajadores y a favor del patrón», afirma el delegado sindical. «Nosotros nos estamos llevando palos al igual que nuestros abuelos, pero estamos aquí de pie. Lo de hoy no me hace echarme atrás, yo me siento orgulloso de lo que han hecho mis compañeros y vamos a seguir adelante». Orgullo de clase, determinación para seguir la lucha contra el capitalista más rico de la historia moderna.[5]

Trabajadores de Amazon de todos los países... ¡uníos!

A la huelga en el almacén de Madrid se sumaron las huelgas en siete centros logísticos de Alemania: Bad Hersfeld (FRA1 y FRA3), Graben, Leipzig, Rheinberg, Werne y Koblenz, además de acciones solidarias en Polonia. En los últimos años, las huelgas han sido frecuentes en los centros de Alemania, Polonia, Francia, Italia y España. La internacionalización de las protestas contra Amazon viene avanzando en Europa. Cada Black Friday (en noviembre) y cada Amazon Prime Day (en julio), las redes sociales se llenan de mensajes denunciando las prácticas antisindicales de Amazon en todo el planeta.

La multinacional del comercio electrónico es una de las más grandes del mundo. Se calcula que en 2022 empleaba a 1,6 millones de personas en todo el mundo (ubicándose entre las primeras cinco empresas mundiales con más cantidad de empleados)[6]. Casi todo lo imaginable puede comprarse en Amazon: electrodomésticos, diamantes, productos de cosmética, libros,

---

5   Josefina L. Martínez, ¡«Bienvenida, clase obrera! Huelgas simultáneas en Amazon Europa», *CTXT*, 1 de julio de 2018.

6   Las empresas con más empleados son: Walmart, Corporación Nacional de Petróleo de China, Correo de China, Corporación Estatal de la Red Eléctrica de China, Amazon, Foxconn y Volkswagen. Álvaro Merino,«Las empresas con más empleados del mundo», *El Orden mundial*, 24 de mayo de 2021

juguetes, comida para gatos, accesorios para motos o novelas policiacas. Con un *stock* a escala gigantesca, la compañía promete entregar los pedidos en tiempo reducido en cualquier lugar. En las páginas de este libro señalamos que el éxito de Amazon no se basa solo en una red logística sin precedentes, sino en la enorme precarización laboral que impone a sus trabajadores y trabajadoras.

Christian Krähling, un delegado en Amazon Bad Hersfeld, Alemania, por el sindicato Ver.di, falleció en diciembre de 2020. Trabajadores y organizaciones de varios países participaron en un homenaje póstumo a un luchador que tuvo una intensa actividad de solidaridad internacional. Conocí a Christian Krähling en julio de 2018, durante la huelga de Amazon en Madrid. Ese día me explicaba que, cuando hay conflictos laborales en Alemania, «la empresa puede redireccionar una cierta cantidad de pedidos a diferentes almacenes que no participan de la huelga, especialmente a Polonia». Lo mismo había hecho Amazon ante la huelga en San Fernando de Henares, derivando pedidos a Barcelona y Francia.

En el interior de cada centro, Amazon utiliza gran cantidad de mano de obra eventual para dividir a la plantilla y socavar sus derechos. Esto también tuvo impacto en las huelgas de Madrid, ya que muchos eventuales entran a trabajar por agencias. La empresa utiliza su estructura global y la precarización de la mano de obra para limitar el impacto de las huelgas, pero los trabajadores empiezan a tejer lazos solidarios más allá de las fronteras.

¿Cómo se derrota a un gigante como Amazon? Christian Krähling me decía en una entrevista que le hicimos durante la huelga en Amazon San Fernando de Henares, que hay que sumar a más compañeros a la huelga y profundizar la coordinación internacional. «Necesitamos una estrategia a lo largo de toda Europa y llegar a acciones sindicales unitarias. Estamos trabajando en esto y hemos hecho progresos en este sentido. Tenemos que ser conscientes de que será una larga batalla». «El mundo se está volviendo más pequeño cada día —agregaba—. El capital cruza fronteras fácilmente. ¡Nosotros también debemos hacerlo! Pero no se trata solo de enviar buenos mensajes a otros huelguistas alrededor del mundo o incluso a coordinar algunas huelgas. Cuando me encuentro con trabajadores de Amazon en Leipzig, Poznan, Madrid o Guangzhou en China, es como encontrarme con mis hermanos y hermanas. Es algo que toca el corazón y te da energía para las luchas cotidianas, porque sabes que otros están luchando las mismas batallas. ¡Es muy inspirador y mantiene la lucha viva!».[7]

Christian Krähling, *rest in power*, que la tierra te sea leve. Tus batallas son parte de una clase obrera que está despertando.

¿Adiós al proletariado? No. ¡Bienvenida, clase obrera!

---

7   Josefina L. Martínez, «¡Bienvenida, clase obrera! Huelgas simultáneas en Amazon Europa», citado.

2. Los secretos de Amazon

Durante la pandemia, en medio del *shock* y el encierro de gran parte de la población mundial, la empresa de Jeff Bezos fue campeona en aprovechar la crisis. Lo que millones de personas vivieron como tragedia, Amazon lo transformó en fuente de nuevas ganancias. En abril de 2020, mientras la cifra de las muertes por covid crecía exponencialmente cada día, Jeff Bezos disfrutaba de su estatus como el hombre más rico del mundo. A nivel global, Amazon alcanzó cifras récord en 2021, con más de treinta mil millones de euros de beneficios extra, y avanzó posiciones como empresa líder del comercio electrónico a nivel mundial.

Jeff Bezos comparte el podio de los supermillonarios con Elon Musk de Tesla (dueño de X, antes Twitter) y el magnate de la moda francés Bernard Arnault. Entre los diez primeros se encuentran también Larry Ellison (Oracle), Larry Page (Alphabet - Google), Warren Buffett (fondos de inversión), Mark Zuckerberg (Meta, antes Facebook) y Bill Gates (Microsoft). En agosto de 2023, la fortuna de Jeff Bezos se calculaba en 166.000 millones de dólares. Bezos es propietario del 10% de Amazon y aunque dejó la dirección ejecutiva sigue siendo su presidente. Posee otras empresas, como Blue Origin (exploración espacial) y el periódico *The Washington Post*. En 2021 realizó un viaje de diez minutos al espacio como parte de su proyecto de «turismo espacial». En la rueda de prensa que dio a su regreso, hizo declaraciones provocadoras: «Quiero dar las gracias a todos los trabajadores de Amazon y a todos los clientes de Amazon. ¡Porque vosotros habéis pagado todo esto!».

En 2019, entre las doscientas entidades económicas más grandes del mundo, 157 eran multinacionales y solo 43 correspondían a Estados nacionales. La capitalización de mercado de Amazon sumaba más que el PIB junto de nueve países de América Latina (Colombia, Uruguay, Paraguay, Bolivia, Perú, Ecuador, Venezuela, Guyana y Surinam).[8] Incluso antes de la crisis sanitaria, el valor de mercado de Amazon ya superaba el de cualquier otra corporación en el mundo, desplazando a Walmart del trono. La investigadora Ruth Milkman señala que estas dos corporaciones tienen mucho en común.[9] Con un fuerte poder de mercado, basado en la utilización de cadenas de suministros globales, consiguen precios más baratos de proveedores privados y ponen en marcha operaciones depredadoras de fijación de precios para destruir a la competencia.

---

8   «Who is More Powerful: Countries or Companies?» ('¿Quién es más poderoso: los países o las empresas?'), en *Howmuch.net*, 11 de julio de 2019.

9   Ruth Milkman, «Amazon and the Future of Work in the Global Economy» ('Amazon y el futuro del trabajo en la economía mundial'), prefacio a Jake Alimahomed-Wilson y Ellen Reese, eds., *The Cost of Free Shipping*, Londres, Pluto Press, 2020.

¿Cuál es la explicación de un crecimiento tan rápido de Amazon a nivel mundial? Si creyéramos al pie de la letra el mito de Silicon Valley, Amazon debería su éxito a la genialidad de Jeff Bezos, su capacidad para aprovechar las ventajas del mercado y su audacia para los negocios. Conforme a esta ideología, el emprendedurismo de las *startups* abre el camino para que «florezcan mil flores» en el mercado capitalista, un jardín en el que todos se benefician. Esa idea de que «lo digital» garantizaría una mayor democratización del mercado, porque todos tendrían la posibilidad de acceder al juego. El premio estaría reservado para aquellos «innovadores» con «espíritu audaz» que arriesgan a salir de lo convencional: una oda a la meritocracia neoliberal.

Sin embargo, como señala Cedric Durand,[10] algunas de las empresas que en su momento brillaron como «emergentes» se transformaron muy rápido en monopolios depredadores. Las tendencias a la concentración y centralización del capital actúan de forma cada vez más voraz: el pez grande se come al chico, el pez grande se transforma en tiburón. Estas tendencias, propias del capitalismo desde fines del siglo XIX, no han dejado de aumentar en las últimas décadas. La competencia no desaparece, sino que se exacerba entre empresas de proporciones gigantescas. Entre las tecnológicas, la concentración ha crecido con un ritmo fenomenal. No es solo que las grandes devoran a las

---

10   Cedric Durand, *Tecnofeudalismo. Crítica de la economía digital* (2020), trad. de Victor Goldstein, Valladolid, Ediciones La Cebra, 2021.

más pequeñas, también se producen adquisiciones en una escala mayor: YouTube fue adquirida por Google, Twitter fue comprada por Elon Musk, Facebook se quedó con Instagram, Amazon ha adquirido numerosas empresas que eran su competencia, desde cadenas de librerías *online* hasta supermercados.

En un plazo de veinte años, el club de las empresas más grandes en términos de capitalización bursátil ha cambiado bastante. Mientras que en el año 2000 el *top five* lo encabezaban Exxon Mobil, General Electric, Microsoft, Citigroup y BP (hidrocarburos), para el 2019 el *ranking* lo lideraba Apple, seguida de Microsoft, Alphabet (Google), Amazon y Facebook. Y esto, ¿es bueno o es malo? Como respondió el gato ante la pregunta de Alicia en el País de las Maravillas: eso depende de adónde quieras llegar.

¿Hacia una amazonificación del capitalismo?

Hay quienes consideran que la pandemia aceleró el espectacular crecimiento de un «capitalismo a lo Amazon» o la «amazonificación del capitalismo», en tanto la demanda de productos *online* se disparó y muchos negocios físicos tuvieron que cerrar. Se refieren a la enorme concentración de poder corporativo por parte de algunas empresas. La escala y la magnitud de la influencia de Amazon en el mundo y los costos sociales y laborales de este modelo empresarial evocan la imagen de un pulpo monstruoso con tentáculos en cada rincón del planeta, una extensa *matrix* física y digital. «El crecimiento de Amazon ilumina un momento de transformaciones en el capitalismo global que demanda ser nombrado, interrogado y resistido», señalan los investigadores Jake Alimahomed-Wilson, Juliann Allison y Ellen Reese.[11]

Estos autores definen tres cuestiones claves sobre el modelo Amazon. En primer lugar, su papel en promover una forma de consumismo voraz y compulsivo, al alcance de «un *click*», junto con nuevas formas de vigilancia de la población. En segundo término, el crecimiento de su poder de monopolio, que aprovecha para apropiarse de parte del valor producido por otros. Y finalmente, la reconfiguración del mundo de la logística y el comercio electrónico, con consecuencias desfavorables para los trabajadores, las comunidades y el ambiente.

Amazon se especializa en la venta de mercancías producidas en los países del llamado Sur global para los consumidores que viven en países de Europa y Estados Unidos. Se apoya en la enorme internacionalización de las cadenas de suministros, algo que permitió a los capitalistas relocalizar la producción y bajar los costos, aprovechando mano de obra barata de países del Sudeste asiático, China o las maquilas mexicanas. Esas cadenas de valor y suministros se extendieron geográficamente como nunca antes en la historia. Lo que Corsino Vela ha llamado un «fordismo disperso», con cadenas de producción extendidas en diferentes

---

11 Jake Alimahomed-Wilson, Juliann Allison y Ellen Reese, «Amazon Capitalism», introducción a Jake Alimahomed-Wilson y Ellen Reese, eds., *The Cost of Free Shipping*, obra citada. Si no se especifica lo contrario, la traducción de las citas de textos escritos originalmente em lenguas distintas del español es obra de la autora de este ensayo.

países (en un lugar se fabrican algunas piezas, en otro país se ensambla, en un tercero se empaqueta para salir al mercado, etc.).[12] Un mecanismo que desplegó el capitalismo con fuerza desde los años 80 del siglo pasado, como forma de recuperar el crecimiento después de la crisis económica de mediados de los 70.

En Estados Unidos, Amazon arrancó en 1995 con su plataforma de venta de libros *online* y unos años después se transformó en el vendedor minorista más grande de libros, juguetes, zapatos y otros productos, el segundo vendedor nacional de indumentaria, y el quinto vendedor nacional minorista de alimentación. A nivel mundial, cada mes, cerca de doscientos millones de usuarios únicos visitan Amazon.com para comprar algo. Y cerca de dos millones de vendedores privados utilizan esta plataforma para ofrecer sus productos. Su presencia en América Latina, en cambio, es marginal, mientras que en China y Asia es el consorcio chino Alibaba Group quien controla casi todo el mercado de venta *online*.

Si solo fuera por esto, Amazon ya sería un gigante entre gigantes. Pero la empresa lidera también otras áreas de gran importancia estratégica. En 2019 acaparaba nada menos que la mitad de las infraestructuras de almacenamiento de información en la nube a nivel mundial. Sus servidores son utilizados por empresas privadas y públicas, por medios de comunicación, plataformas como Instagram o Netflix, hospitales o

---

12 Corsino Vela, *Capitalismo terminal. Anotaciones a la sociedad implosiva*, Madrid, Traficantes de Sueños, 2018.

empresas de seguridad, además de millones de particulares en todo el planeta. La división de servicios web de Amazon representa aproximadamente un 10% de sus ingresos y está creciendo año a año. A esto se suma el servicio de Amazon Prime y otras suscripciones de pago, con las que retiene a millones de usuarios. También se ha transformado en productor de películas y series para su servicio de Amazon Prime Video, compitiendo con Netflix y otras plataformas audiovisuales.

El modelo Amazon ha sido denunciado por diferentes sectores. Miles de pequeños comercios de proximidad o librerías lo tienen cada vez más difícil para competir con los precios reducidos que ofrece Amazon a los suscriptores Prime. Recordemos que Amazon comenzó con el negocio del libro al descubrir allí un nicho que podía monopolizar de forma rápida y con bajos costos. Hoy casi no hay un título que no se pueda comprar en Amazon por medio de un *click* y recibirlo al día siguiente en el domicilio o de forma instantánea en los dispositivos Kindle. La combinación de la plataforma de venta *online* con el sistema de Amazon Kindle y la plataforma de autopublicación para autores en Amazon le ha permitido despegar por encima del tradicional negocio editorial y librero de pequeña escala.

Al controlar la plataforma de venta online, Amazon tiene ventajas sobre su competencia. Esa posición monopólica permite a Amazon vampirizar las operaciones de otros proveedores en múltiples áreas. La compañía obtiene en tiempo real millones de datos de miles de operaciones y puede discernir rápidamente qué productos se venden más, o qué productos están buscando los usuarios. En ocasiones, cuando detecta un nicho de mercado apetecible, ofrece sus propios productos Amazon para competir mediante descuentos importantes para eliminar a la competencia. El negocio es redondo.

¿«Capitalismo de vigilancia»?

Amazon, Google y Facebook son grandes multinacionales que, para algunos autores, representan un nuevo «capitalismo de la vigilancia». Se trataría de un nuevo orden social basado en la extracción de información, usufructuando las experiencias de los usuarios en la red. La socióloga Shoshana Zuboff, profesora de la Harvard Business School, ha desarrollado esa idea, advirtiendo sobre los peligros de las nuevas formas de control del «capitalismo de vigilancia». Para la autora, no se trataría de un cambio más en el capitalismo tradicional, sino de la emergencia de un orden social nuevo donde el usuario de internet se transformaría en «producto», o más bien en el «cadáver abandonado» al que las empresas digitales le han robado la vida a través de múltiples mecanismos. «Ya no es suficiente automatizar los flujos de información sobre nosotros», sostiene Zuboff, «el objetivo ahora es automatizarnos a nosotros». Para la autora, «la computación reemplaza la vida política de la comunidad como base para la gobernanza».

La definición de Zuboff suena mucho a distopía, ¿verdad? El planteamiento es totalmente unilateral y su mayor problema es que borra las dinámicas estructurales del capitalismo, la explotación del trabajo asalariado, la violencia estatal y los choques entre las clases. Por eso, sus tesis han sido criticadas por varios autores marxistas.[13] Aun así, sería un error subestimar los mecanismos de vigilancia del capitalismo contemporáneo, o menospreciar el usufructo de la información y el Big Data que aprovechan algunas empresas en una escala cada vez mayor.

En Amazon aseguran que utilizan la información para «anticipar» las necesidades de los consumidores. Los datos obtenidos, cada vez que un usuario interactúa en su plataforma, son analizados para predecir e inducir comportamientos de consumo. A cada persona que abre una cuenta en Amazon, la plataforma le ofrece una «experiencia personal», recomendando determinados productos y omitiendo otros. Estas recomendaciones y sugerencias se basan no solo en lo que el usuario ya ha comprado (haciendo aparecer productos similares o complementarios), sino también en lo que ha mirado, aunque no lo haya comprado (incentivando esa «lista de deseos» para que se produzca el consumo). Los datos combinados de millones de personas también son utilizados para «predecir» qué otros productos pueden interesar a un usuario, generando analíticas y patrones en base a experiencias de compra de otros clientes, examinando el resto de sus comportamientos *online*, sus gus-

---

13 Evgeny Morozov, *Los nuevos ropajes del capitalismo* (parte I), *El Salto*, 3 marzo 2019.

tos, preferencias, relaciones personales, ingresos, etc. En ese sentido, la plataforma administra un cúmulo monumental de información para moldear comportamientos de consumo futuros.

¿Atrapados por el algoritmo?

Antes de sacar conclusiones apresuradas, digamos que este tipo de dinámicas para inducir el consumo no son algo nuevo en el capitalismo. La industria publicitaria ha tenido desde sus orígenes el objetivo de generar comportamientos de compra mediante la creación de nuevas necesidades y creando expectativas acerca de que determinados consumos llevan adheridos ciertos valores. Diversos autores de la izquierda radical han puesto el foco en estos aspectos del consumismo capitalista. Éste modela la vida cotidiana de grandes franjas de la población a través de la publicidad, el crédito y la obsolescencia programada, en especial en los países más ricos. En este sentido, el sociólogo Razmig Keucheyan se refiere a la creación de «necesidades artificiales» por el capital.

«El capitalismo satisface muchas necesidades, pero su misma satisfacción conduce a la aparición de necesidades siempre nuevas. Más concretamente, promete satisfacción, pero a la larga proporciona una eterna insatisfacción al consumidor. Todos hemos experimentado este fenómeno en cierta medida: la compra no apacigua la necesidad de comprar, o sólo la apacigua durante un corto periodo de tiempo. Se desencadena una nueva necesidad de comprar. La publicidad y la «financiarización de la vida cotidiana», es decir, vivir a crédito, son dos de las principales causas de esta tendencia».[14]

Ahora bien, la industria publicitaria ha dado un salto inmenso a partir del uso del Big Data y la posibilidad de contar con información detallada en tiempo real sobre millones de operaciones comerciales y búsquedas *online*, el rastreo y extracción de información sobre la vida digital de los usuarios. Las *apps* de geolocalización y diversas analíticas permiten saber con bastante precisión dónde vive, dónde toma café, qué libros compra, qué ropa le gustaría comprar, qué relaciones sociales y qué intereses tiene cada usuario. En el caso de Amazon, cuenta con ventaja extra. Mientras otras empresas deben adquirir esa información contratando a terceros, Amazon la extrae de su propia plataforma.

Los mecanismos de «vigilancia» de Amazon no terminan allí. La compañía ha desarrollado múltiples instrumentos electrónicos y tecnológicos para controlar a sus propios trabajadores, aquellos que cargan y empaquetan productos en los almacenes, los que trabajan en sus plataformas digitales, los conductores y el personal de entrega a domicilio. Variados dispositivos de control que tienen el objetivo de imponer tiempos estrictos para cada tarea, rutas fijas para los camiones y pausas de descanso limitadas. En el capítulo siguiente analizaremos con más de-

---

14 Josefina Martínez, «Las necesidades artificiales están destruyendo el planeta», entrevista a Razmig Keucheyan, *Izquierda Diario.es*, 11 de diciembre de 2021.

talle estos dispositivos y la tecnificación del control disciplinario del trabajo.

Amazon es proveedor de mecanismos de seguridad y control para agencias como el Pentágono y la CIA. Su programa Amazon Rekognition de reconocimiento facial es utilizado por empresas de seguridad, departamentos de policía y hasta por la Agencia de Control de Inmigración en Estados Unidos (ICE). Activistas de derechos humanos y antirracistas han denunciado esta complicidad. Señalan que su tecnología confunde habitualmente los rostros de las personas afroamericanas y es utilizada para criminalizar a sectores de la población por motivos racistas. Amazon también ha recibido numerosas críticas por casos probados de «espionaje» de su sistema de «asistente virtual» Amazon Echo Alexa. Para poder ofrecer sus servicios, Alexa se encuentra «siempre disponible», lista para activarse cuando «escucha» determinadas palabras. Puede ocurrir entonces que Alexa se active sin que los usuarios lo sepan. Para que su servicio sea aún «más eficiente», Alexa graba todas las conversaciones que ocurren en su entorno cuando está activada. La empresa tiene miles de trabajadores dedicados a escuchar estas interacciones o conversaciones y escribir informes. Amazon podría «escucharnos» hasta en la mayor intimidad.

Sin embargo, según el investigador Vladan Joler, lo más peligroso de Amazon no es esta intrusión en la intimidad de muchos hogares, sino el complejo sistema de precariedad y explotación que recorre la cadena global de suministros para crear dispositivos como Alexa: «Siendo honesto, la mayoría de nosotros no morirá por ser escuchado por Amazon Echo. Pero muchas otras personas sí morirán a lo largo de la cadena global de suministro de este y de muchos otros productos. Es la realidad dura de los trabajadores precarios sometidos a durísimas condiciones laborales».[15]

La revolución logística y el auge de Amazon

Algunos autores apuntan que el verdadero secreto de Amazon se encuentra en su control monopólico de un combo que incluye la plataforma de venta electrónica más grande del mundo, una extensa red logística de transporte marítimo y terrestre y su propio sistema de almacenamiento de datos. En todos estos eslabones de la cadena, Amazon exprime a una gigantesca fuerza laboral precaria.

La «revolución logística» acompañó el despegue del comercio internacional en las últimas décadas. Esto supuso una expansión descomunal de las estructuras para el transporte y la circulación de mercancías. Según información del Banco Mundial, la cantidad de contenedores ingresando a los puertos a nivel global pasó de 224,8 millones en el año 2000 a 752,7 millones en 2017. Las cifras del transporte aéreo y terrestre de mercancías también tuvieron subidas de gran magnitud. Al mismo tiempo, se multiplicaron los nodos de centros logísticos instalados en parques industriales en las periferias de las grandes ciudades de todo el mundo.

---

15 Pablo DeSoto, «La explotación que hay detrás de un cacharro inteligente», entrevista a Vladan Joler, *CTXT*, 24 de octubre de 2018.

Hemos dicho que las redes de suministros se han extendido e internacionalizado como nunca antes en la historia. Si pudiéramos visualizarlo en un mapa, observaríamos cómo la fabricación de un producto puede involucrar varias fases en diferentes países, una «producción dispersa» geográficamente. Pero una vez que el producto está terminado, lo más probable es que este sea cargado junto con otros en grandes contenedores para iniciar un largo viaje. El recorrido puede comenzar en China u otro país de Asia, en un barco hacia algún puerto de Europa o Estados Unidos. El contenedor puede ser montado después arriba de un tren y trasladado a un centro logístico a las afueras de alguna ciudad, donde será colocado en un camión, para viajar otros cientos o miles de kilómetros por tierra. Y todo esto se hará en cuestión de unos pocos días. Muchos consideran que esta red de centros logísticos, almacenes y transportes forman las vías circulatorias del capitalismo actual.

A esta red física logística se añade la red digital en base a nuevas tecnologías desarrolladas para la expansión del comercio mundial: códigos de barra, identificadores de radiofrecuencia (RFID), GPS y otras técnicas de seguimiento o Big Data. Los macrodatos son utilizados para organizar operaciones de logística a gran escala. De este modo, si alguien compra un ordenador en Madrid, puede rastrear casi en directo desde su teléfono móvil el itinerario que su aparato realiza desde la fábrica en China, por aire, tierra o mar, hasta la camioneta que lo entrega finalmente en su casa.

Según el investigador Kim Moody, el crecimiento de Amazon se apoya en dos grandes pilares: la división de Amazon Web Services (AWS) y su infraestructura logística. Amazon ha invertido en una enorme red de «almacenes modernos» equipados con alta tecnología y conectados internacionalmente.[16] La multinacional contaba en el año 2019 con 1093 instalaciones logísticas a nivel mundial, de las cuales cerca de la mitad estaban ubicadas en Estados Unidos, 358 en Asia, 230 en Europa, y unas 30 en el resto del mundo. El almacén Amazon MQY1 Fulfilment en Tennessee, Estados Unidos, está en la lista de los diez almacenes logísticos más grandes del mundo, con más de un millón de metros cuadrados. El centro Amazon LCY2 de Londres también tiene dimensiones descomunales, con más de seiscientos mil metros cuadrados. El centro del Prat, en Barcelona, ocupa a cerca de tres mil trabajadores y tiene una superficie de 200.000 metros cuadrados repartida en tres plantas.

En los almacenes de Amazon se aplica el principio del *just in time* ('justo a tiempo'). Allí, miles de trabajadores y trabajadoras se mueven a golpe de algoritmo. Este tipo de instalaciones logísticas no tiene por objetivo el de guardar por mucho tiempo los productos. El objetivo es que lo que entra por una puerta salga pronto por la otra. Son nodos para organizar un movimiento constante de mercancías y acortar así el tiempo que

---

16   Kim Moody, «Amazon: Context, Structure, and Vulnerability», en Jake Alimahomed-Wilson y Ellen Reese , eds., *The Cost of Free Shipping*, obra citada.

tarda un producto en desplazarse miles de kilómetros. Señala Moody que al construir su capacidad e infraestructura logística y digital, Amazon se transformó en líder de lo que Marx llamó la «aniquilación del espacio por el tiempo».

Cuando llega la crisis… ¿quién la paga?

En 2021, gran parte de la prensa mundial encendía las alarmas sobre los cuellos de botella o interrupciones en la cadena de suministros global. Las imágenes mostraban decenas de barcos atascados en el Canal de Panamá (como en una autopista en hora punta) y cientos de contenedores acumulados en los puertos. Empresas en España o en Estados Unidos anunciaban cierres por falta de suministros de uno o varios componentes que se importaban desde una fábrica china. Después de la pandemia, y con el comienzo de la guerra de Ucrania, la crisis en la cadena de suministros agravó la escalada inflacionaria (las tendencias al alza de los precios habían comenzado antes del covid).

La enorme internacionalización de las cadenas globales de valor, las redes logísticas y la aplicación del *just in time* supusieron una gran ventaja para el capital global en momentos de bonanza. Le permitieron aprovechar de forma flexible una gran cantidad de mano de obra barata, bajar costos de producción, pagar menos impuestos y hacer lo que se conoce como «*dumping* ambiental». Es decir, deslocalizar empresas a regiones sin controles ambientales, donde se puede contaminar sin problemas, mientras en los países más ricos se hacen campañas de *greenwashing* (ecoimpostura). Sin embargo, cuando una crisis como la pandemia irrumpió y paralizó los flujos de mercancías, se evidenciaron las vulnerabilidades de un modelo que, si es fracturado en un punto, genera efectos de desacople y rupturas.

Ya hemos visto que Amazon aumentó de forma sideral sus ganancias en los años de pandemia, al igual que lo hicieron otras empresas tecnológicas y de venta *online*. Aun así, después de años de mantener una política expansiva —que utilizó para arrasar con la competencia y monopolizar nuevos mercados—, a comienzos del 2022 Amazon anunció que despediría cerca de 18.000 trabajadores en todo el mundo (aproximadamente el 1% del total de su fuerza laboral).

En España, como parte de este plan, anunciaron el cierre del centro de Amazon Martorelles, con 800 trabajadores en plantilla, mientras preparaba la apertura de un nuevo centro en Zaragoza, que contaría con un convenio inferior. Así lo explicaba la representante sindical de Amazon Martorelles, Esther Rodríguez, en una entrevista que le hicimos: «En los dos años de pandemia hemos visto que se han cuadruplicado los beneficios de esta empresa. La gente ha estado ahí, al pie del cañón, mientras Sanidad aconsejaba no salir de casa. Ha sido brutal lo que hemos aportado, para que ahora nos paguen de esta manera».[17] El 1 de febrero de 2023, los trabajadores de Martorelles entraban en huelga indefinida contra el cierre del centro logístico.

---

17   Josefina L. Martínez, «'¡A la huelga, compañeras!': paro indefinido en Amazon Martorelles», *CTXT*, 13 de febrero de 2023.

«Ellos defienden que es un traslado, pero realmente es un cierre. Lo sabían desde antes y no lo comunicaron en ningún momento», afirmaba la presidenta del Comité de empresa. La oferta de la empresa era que los trabajadores se mudaran junto a sus familias a localidades situadas a 120 o 300 kilómetros de distancia. Las condiciones que ofrecían eran «un insulto», según los sindicatos, por debajo de los mínimos legales. Aun así, la empresa consiguió su objetivo y cerró el centro.

Las grandes tecnológicas hicieron fortunas en las últimas décadas, transformándose en monstruos planetarios. Sin embargo, cuando llega el momento de ajustar, no inventan nada nuevo: la receta siempre es descargar la crisis sobre los trabajadores. Parece que el «milagro» del capitalismo digital no se encontraba en la nube, sino en la explotación y la precariedad de esa mano de obra global.

3. El secreto está en la explotación

Se calcula que, en el segundo semestre de 2023, Amazon empleaba una fuerza laboral de 1,46 millones a nivel mundial, después de haber alcanzado un pico de 1,62 millones de trabajadores un año antes. En Estados Unidos, la empresa empleaba a un millón de trabajadores, unos doscientos mil en Europa y cerca de veinte mil en España.

Los trabajadores de Amazon en Alemania, España, Polonia, Estados Unidos o Italia denuncian que el «secreto» de las ganancias de Jeff Bezos está en la explotación que se vive en los grandes almacenes, maximizada por el uso de la tecnología para controlar sus movimientos. Pero, ¿qué es eso que llamamos explotación?

Cuando un propietario del sector de la hostelería en España dice que trabajar doce horas es algo de «toda la vida», está claro que se trata de un explotador. Pero la explotación no es solo un «exceso» por parte de algunos capitalistas, sino la base de todo el sistema. Esto es así porque la riqueza social es fruto del trabajo humano, de forma colectiva. Sin embargo, mientras la riqueza es creada socialmente, su apropiación es privada. Como dice el estribillo de la canción *Solidarity forever*: «Se han llevado incontables millones, que nunca trabajaron para ganar. Pero sin nuestro cerebro y nuestros músculos ni una sola rueda puede girar».

Marx analizó los secretos ocultos de la producción capitalista, develando las mentiras del relato liberal sobre un «intercambio entre iguales» en el mercado laboral (uno de los sentidos comunes más extendidos en nuestra sociedad). Cuando de una parte hay millones de personas que dependen de un salario para sobrevivir, y del otro lado se encuentran capitalistas multimillonarios, a eso no lo podemos llamar «intercambio igualitario». La igualdad formal encubre una desigualdad sustancial que está presente en las relaciones sociales. Millones de seres humanos no pueden cubrir las necesidades mínimas de alimentarse, tener una vivienda, reproducirse y poco más, a no ser que pasen gran parte de su vida en el trabajo asalariado. Muchos otros ni siquiera tienen esa opción.

Ingresando en los talleres ocultos del capital, Marx mostró que cada trabajador crea una cantidad de valor que se incorpora a las materias primas que transforma o manipula durante la jornada laboral. Después de un tiempo, produce un valor equivalente a lo que se le paga como salario. El trabajador no puede detenerse allí, sino que debe seguir trabajando, porque el capitalista lo ha contratado por una jornada entera. Todo el valor que el trabajador genera en el tiempo restante es apropiado por el capitalista. Este paga un salario (equivalente o cercano al valor de la fuerza de trabajo), pero siempre recibe mucho más valor que el que ha pagado. Esa diferencia, ese trabajo no pagado, es el plusvalor. Ese mecanismo de apropiación del trabajo ajeno es lo que llamamos explotación.

Como explicó una vez el economista marxista belga Ernest Mandel: «El origen de la plusvalía está, pues, en el trabajo excedente, en el trabajo gratuito apropiado por el capitalista. 'Pero eso es un robo', se gritará. La respuesta debe ser 'sí y no'. Sí, desde el punto de vista del obrero; no, desde el punto de vista del capitalista y de las leyes del mercado».[18] Es decir, se trata de un robo legalizado. Si el capitalista puede apropiarse de ese plusvalor creado por el trabajo de los obreros, es porque estos se han transformado en una mercancía (su fuerza de trabajo), porque no tienen otro modo de sobrevivir que vender su fuerza de trabajo en el mercado. En el capitalismo, solo algunos son propietarios de medios de producción, y la gran mayoría carece de los medios para garantizar su propia subsistencia.

Dentro de los lugares de trabajo, los capitalistas ejercen su poder de forma despótica. Los derechos escritos en papel se suspenden por arte de magia, se imponen horarios flexibles o largas jornadas que no permiten conciliar la vida social y familiar, horas extras no pagadas, maltrato psicológico y humillaciones, acoso sexual a las trabajadoras o persecuciones por

---

18   Ernest Mandel, *Introducción al marxismo*; existen varias ediciones en
      español de este ensayo clásico, del que existen asimismo varias ver-
      siones accesibles por la red.

querer organizarse sindicalmente. Todos los capitalistas quieren controlar el trabajo, intensificarlo y «matar los tiempos muertos», porque para ellos el tiempo de trabajo ajeno vale oro.

Amazon desde adentro

Los almacenes de Amazon son enormes instalaciones, muchas de ellas robotizadas, que agrupan a varios miles de trabajadores y funcionan durante las veinticuatro horas. El momento de mayor carga laboral llega por la madrugada y a primera hora de la mañana. Con un ritmo frenético, los productos son empaquetados y preparados para ser cargados en camiones o furgonetas que los llevarán hasta los puntos de recogida y los domicilios de los clientes. El último trayecto de los productos, desde que el paquete sale del almacén de distribución y se dirige hacia la entrega final en el domicilio o punto de entrega, se conoce en la jerga logística como «última milla». Amazon ha probado diferentes modalidades para ese trayecto, todas igual de precarias. El programa Amazon Flex era una *app* que reclutaba los servicios de conductores particulares, como autónomos sin relación laboral, para la recogida y entrega de los paquetes. Después de unos años, el modelo fue muy cuestionado, y en 2021 Amazon anunció que dejaría de utilizarlo. Recomendó a los particulares que se emplearan en las empresas que son parte del Servicio de Delivery Partner de Amazon. Pequeñas empresas que trabajan exclusivamente para Amazon, pero figuran como entidades independientes. Otra forma de fraude laboral legalizado.

¿Qué tareas realizan los trabajadores en un centro logístico? Recogen los productos, los mueven, los empaquetan. Todas estas operaciones, según destaca Kim Moody en el trabajo ya citado, son parte de la esfera de la producción. El trabajo requerido para operar el «cambio de forma» de un producto, consistente en cambiar su localización geográfica, que es lo que hace la logística, debe ser considerado productor de valor, aunque no opere ningún otro cambio material en la mercancía que su traslado.

«La mayoría de los trabajadores en el sistema logístico de Amazon […] son productores de valor; es decir, ellos son (y no los consumidores) la fuente de la increíble riqueza de este gigante capitalista y su jefe multimillonario Jeff Bezos. Y, por supuesto, la interacción de la infraestructura de Amazon, la velocidad a la que se mueven las mercancías a través de esta, y el grado en que estos trabajadores producen ese valor (su tasa de explotación) están en el corazón de los esfuerzos de esta empresa para incrementar de forma constante la intensidad del trabajo y disminuir los costos de la mano de obra», señala Moody.

Otros autores ponen el foco en su plataforma digital. Para Cedric Durand, la clave de las ganancias de las empresas tecnológicas se encuentra en la apropiación de una «renta digital». Esto es, la posibilidad de apropiarse del valor producido por otros productores en las cadenas globales, gracias al control monopólico de los entornos digitales, plataformas o aplicaciones, que conformarían nuevas «glebas digitales» (el concepto es poco preciso).[19]

Más bien, podríamos decir que se combinan varias cuestiones. Amazon se beneficia de la explotación de su enorme fuerza laboral, así como del control monopólico de franjas del mercado mediante su red logística y su plataforma digital.

Control tecnológico de la fuerza laboral

En febrero de 2018, la prensa española se hacía eco de una noticia publicada por *The New York Times*. Amazon había gestionado la patente para un nuevo dispositivo de control de sus empleados: una pulsera digital que permitiría a la gerencia saber en qué lugar exacto del almacén se encuentra cada trabajador y monitorizar el movimiento de sus manos al manipular un paquete. ¿Distopía o realidad? Amazon respondía poco después en un comunicado: «La especulación sobre esta patente está equivocada. Cada día, compañías de todo el mundo hacen que sus empleados utilicen escáneres de mano para rellenar o comprobar los inventarios. Esta tecnología, si se implementa en el futuro, permitirá mejorar estos procesos. Mediante este tipo de dispositivos podríamos liberar sus manos de los escáneres y sus ojos de las pantallas del ordenador».

---

19   Los conceptos planteados por Cedric Durand en su libro ya citado (*Tecnofeudalismo*), como «renta digital» y «tecnofeudalismo», resultan un poco eclécticos y forzados. ¿Se trataría de una nueva fase del capitalismo o de un sistema social enteramente nuevo? El libro es muy interesante, pero nos resulta poco consistente su tesis del surgimiento de un «tecnofeudalismo».

El investigador Vladan Joler expuso el diseño de otro dispositivo de control patentado por Amazon. La ilustración mostraba una jaula vertical, con ruedas, dentro de la cual se ubicaría un trabajador.[20] La jaula, dado su tamaño, permitiría que este moviera sus manos y girara un poco dentro de esta, pero no mucho más. El artefacto serviría, supuestamente, para que los trabajadores se movieran de forma «segura» por los almacenes, entre las estanterías y cajas, recogiendo los productos que deben ser empaquetados.

Los trabajadores del almacén MAD4 en San Fernando de Henares están conectados a un dispositivo individual que les envía la ubicación de los productos para recoger dentro del inmenso almacén. Una vez «disparada» la orden, empieza a correr el tiempo, indicado mediante una barra que se va agotando (como en los juegos electrónicos). Cuando la barra se consume, significa que el tiempo para esa tarea está terminado. Si el trabajador no ha localizado el paquete y marcado en el escáner, el sistema lo contabiliza como una falla. Si se suman muchos errores al final del día, el trabajador será amonestado. No cumplir en tiempo y forma con los pedidos puede ser motivo de despido.

En febrero de 2021 se conoció que Amazon había instalado cámaras con inteligencia artificial en algunas flotillas de camiones en Estados Unidos. Estos artefactos, provistos por la empresa Netradyne, permiten monitorizar los movimientos de los choferes

---

20   Pablo DeSoto, «La explotación que hay detrás de un cacharro inteligente», *CTXT*, 24 de octubre de 2018.

durante todo el trayecto que realizan. Las cámaras están equipadas con sensores que detectan si un conductor bosteza, o si «parece distraído», según informa la compañía. Cuando la cámara percibe alguna «anomalía» comienza a grabar para enviar esa información a un supervisor. Amazon además podía compartir esa información con algún tercero, si lo considerara necesario. Muchos trabajadores denunciaron que se estaba violando su privacidad.

En otros almacenes de Amazon funcionan dispositivos con «mando vocal». Mediante auriculares, los trabajadores reciben indicaciones de una voz digital. El trabajador responde al micro, validando los paquetes recogidos. Esta información es recogida para analizar la productividad de cada trabajador. Muchos trabajadores advierten lo estresante que se puede volver esta interacción, cuando la máquina responde una y otra vez: «Repita, no entiendo esa palabra; repita».[21]

Según Cedric Durand, «en los depósitos de Amazon o de Lidl, en las bandejas de los centros de llamadas, en las cabinas de los camioneros o en las cajas de los supermercados, las tecnologías de la información permiten perseguir los tiempos muertos, introducir nuevas exigencias a los trabajadores y desplegar instrumentos de vigilancia que desbordan ampliamente sobre su vida privada».[22] Otros autores han definido al modelo Amazon de control de sus trabajadores como una forma «algocrática» de control (algoritmo + auto-

---

21 Cedric Durand, *Tecnofeudalismo*, obra citada, p. 67.

22 Ibídem, p. 66.

cracia). La combinación de este control con automatización, robótica e inteligencia artificial (IA) estaría transformando la forma de trabajo en los almacenes y toda la red logística.[23]

En agosto de 2018, pocas semanas después de la gran huelga en el almacén de San Fernando de Henares, Amazon publicó un aviso para reclutar personal jerárquico (gerentes de área y jefes de operaciones) entre exintegrantes de las Fuerzas Armadas, del Centro Nacional de Inteligencia (CNI) o de cuerpos policiales. Buscaba especialmente «profesionales con capacidades de liderazgo y experiencia de varios años al frente de sus unidades». Un perfil muy demandado en otras empresas del Ibex, como Santander o BBVA. Los capitalistas tienen claro que el control de la fuerza laboral no se puede confiar solo a las IA y los algoritmos.

Si volvemos a Marx, allí encontramos otras claves. Este definió que, con la gran industria, el capital logró una subsunción real del trabajo por el capital. Esto es, que los capitalistas regulan el proceso de trabajo, su intensidad y ejecución, además de controlar milimétricamente el uso del tiempo de trabajo para no desperdiciar ni un segundo. La introducción de maquinaria es un mecanismo central para aumentar la productividad del trabajo, mediante la apropiación de la plusvalía relativa. Los trabajadores se transforman

---

23 Jason Struna y Ellen Reese, «Automation and the surveillance-Driven Warehouse in Inland Southern California» ('Automatización y almacén impulsado por la vigilancia en el interior del sur de California'), recogido en Jake Alimahomed-Wilson y Ellen Reese, eds., *The Cost of Free Shipping*, obra citada.

en apéndices de las máquinas. Esto implica que, en el capitalismo, los desarrollos tecnológicos están «moldeados» por el objetivo de las ganancias privadas. Se descartan o bloquean miles de descubrimientos que no se consideran provechosos para los monopolios, y se promueve otros solo en función de sus intereses. Hemos visto esto dramáticamente durante estos años de pandemia. Marx analizó también que, en manos del capital, el desarrollo técnico-científico, en vez de crear más tiempo libre para los trabajadores, se transforma en plustrabajo. En vez de liberar a los trabajadores de la carga laboral, el capital los ata con cadenas más pesadas y utiliza medios técnicos para disciplinar y controlar.

Amazon es un ejemplo de la tecnificación del control. En sus almacenes robotizados y digitalizados se vive una explotación propia del siglo XIX, pero impuesta con técnicas del siglo XXI. Cuando los trabajadores de Amazon dicen «No somos robots» están señalando esa deshumanización del trabajo por el capital y la degradación de las condiciones laborales. Están advirtiendo también que no están dispuestos a aceptar esas condiciones sin resistencia.

Los trabajadores de la logística y las posiciones estratégicas

Los trabajadores de la logística han adquirido un papel clave en el capitalismo actual. Así como los mineros de comienzos del siglo XX tenían la capacidad de paralizar la producción y distribución del carbón —lo que a su vez afectaba al resto de la producción—, los trabajadores de la logística y el transporte tienen hoy una posición estratégica para interrumpir la circulación de mercancías. El sociólogo Razmig Keucheyan considera que esa posición les permitiría incluso combinar una crítica simultánea a la producción y al consumo.[24] No es casualidad que las huelgas en Amazon sean acompañadas muchas veces de campañas solidarias de boicots para no comprar durante el Black Friday y otras iniciativas similares. También es significativo que en muchas protestas los trabajadores no solo reclamen salarios dignos, sino que también denuncien el impacto ecodestructivo de Amazon.

Los trabajadores de la logística reúnen varias características que les permitirían tener mayor poder frente al capital. Por un lado, su posición estratégica en los nodos logísticos les otorga poder de fuego para afectar la circulación y producción de mercancías. Es decir, que si hacen huelga, pueden paralizar no solo su lugar de trabajo, sino afectar otros sectores de la economía. Como señala Kim Moody, cerca de las grandes ciudades se han desarrollado centros logísticos inmensos que podrían transformarse en *choke points* ('centros de bloqueo') si los trabajadores logran organizarse y coordinarse entre sí.[25] Estos centros lo-

---

24 Josefina Martínez, «Las necesidades artificiales están destruyendo el planeta», entrevista a Razmig Keucheyan, «Las necesidades artificiales están destruyendo el planeta», *Izquierd Diario.es*, 11 de diciembre de 2021.

25 Kim Moody, *On New Terrain. How Capital Is Reshaping the Battleground of Class War* ('En un nuevo terreno: cómo el capital está remodelando el campo de batalla de la guerra de clases'), Chicago, Haymarket Books, 2017, p. 101

gísticos albergan en un mismo espacio o en parques industriales cercanos a miles y miles de trabajadores. Peones de almacenes logísticos, camioneros, trabajadores portuarios, ferroviarios y trabajadoras de las oficinas cercanas podrían constituir una fuerza obrera muy fuerte si se unificaran, por ejemplo, para una huelga, el bloqueo de autopistas o una movilización contra las patronales. Forman parte de una nueva clase trabajadora muy precaria pero potencialmente muy peligrosa para los capitalistas.

Ahora bien, se trata de sectores que tienen muchas dificultades para organizarse. Amazon y otras empresas de logística hacen uso de todos los mecanismos posibles para dividir y fragmentar la fuerza laboral. Uno de los recursos más utilizados es la contratación masiva de trabajadores eventuales, generando así una enorme brecha en la plantilla entre trabajadores con contratos fijos y trabajadores de tiempo parcial. Estos nunca saben si van a trabajar la semana siguiente. Cobran menos que los trabajadores fijos, tienen menos derechos. Cuando hay amenazas de huelga, Amazon incorpora miles de eventuales durante las semanas previas; utiliza a estos trabajadores como «rompehuelgas» bajo el chantaje de que, si no trabajan, quedan en la calle.

Otro mecanismo utilizado por Amazon contra las huelgas es, según se ha visto, desviar los pedidos hacia algún otro almacén cercano, dentro del mismo país o incluso en un país vecino. Los trabajadores de Amazon Alemania han denunciado en varias ocasiones que la empresa desviaba los pedidos hacia los almacenes ubicados en Polonia con el objetivo de romper las huelgas. Durante las huelgas en Madrid, algunos pedidos se desviaban por Francia.

La investigadora Nantina Vgontzas estudió los procesos de organización de los trabajadores en los almacenes de Alemania por parte del sindicato Ver. di.[26] En ese país, Amazon tiene su segundo mercado en importancia, después de Estados Unidos. Su investigación se centró en el proceso de organización en los Amazon Fulfillment Centers. Vgontzas señala que Amazon cuenta a su favor con la posibilidad de dispersar el flujo de trabajo a través de diferentes almacenes. Esto le permite, si se interrumpe el proceso en un punto, reiniciarlo de forma casi inmediata en otro. Con este método, minimiza el riesgo de bloqueos en la red logística. Esto presenta un desafío adicional para los trabajadores, ya que, si bien podrían bloquear un almacén, deberían poder asociarse al resto de los trabajadores de Amazon para garantizar medidas con mayor impacto sobre la empresa.

En el caso de la organización de trabajadores en Alemania, la investigadora identificó tres momentos. Al inicio de la campaña, el foco del sindicato estuvo puesto en la organización de los trabajadores de cada almacén. Se crearon comités de delegados, que posteriormente ayudaron a organizar las huelgas. El se-

---

26 Nantina Vgontzas, «A New Industrial Working Class? Challenges in Disrupting Amazon's Fulfillment Process in Germany» ('¿Una nueva clase obrera industrial? Desafíos para perturbar el proceso de distribución de Amazon en Alemania'), en Jake Alimahomed-Wilson y Ellen Reese, eds., *The Cost of Free Shipping*, obra citada.

gundo momento estuvo marcado por las dificultades para mantener un mayor seguimiento de las huelgas en esos almacenes a lo largo del tiempo. El tercero se vio atravesado por las dificultades para lograr una coordinación entre los diferentes almacenes. Su conclusión es que Ver.di no consiguió superar del todo bien estas dificultades, al no innovar ni buscar nuevas formas de organización que dotaran de mayor unidad a las plantillas, restringiéndose a un modelo de sindicalismo tradicional de presión para lograr una «negociación salarial» con la gerencia.

Las huelgas en Alemania irrumpieron en 2013 con bastante fuerza. Al año siguiente, Amazon abrió nuevos almacenes en ese país y en la vecina Polonia, donde la fuerza de trabajo es más barata y los derechos laborales escasean. Vgontzas señala en el ensayo citado que, unos años después, las huelgas en los almacenes perdieron fuerza, ya que solo eran seguidas por pequeñas cantidades de trabajadores. En ese período, Amazon incrementó la contratación de trabajadores temporales en aquellos sectores que podían ser afectados por la huelga, disminuyendo su impacto. En muchos casos, estos eran de origen migrante, con mayores dificultades económicas y sociales, que eran aprovechadas para enfrentar a unos trabajadores contra otros. Según este estudio realizado por Vgontzas, el sindicato Ver.di no tuvo una política efectiva para intentar sumar a esos trabajadores temporales y migrantes a la lucha, ni enfrentó el modo en que la empresa instrumentalizó las divisiones raciales. Otro fallo estuvo en la incapacidad del sindicato, o falta de decisión, para organizar a los camioneros y sumarlos a una lucha común. Restringiéndose a organizar a los sectores de trabajadores efectivos por cuestiones salariales o laborales, se debilitó su fuerza contra la empresa.

La conclusión que se puede adelantar es que, aunque los trabajadores de Amazon (y la logística) tengan una posición estratégica muy importante que permitiría «bloquear» la red de circulación de mercancías, esa posición no deviene de forma automática en mayor organización, ni en mayor fuerza de choque contra las empresas. Para poder hacer uso de esta ventaja en la posición estratégica, haría falta, en primer lugar, superar los métodos del «sindicalismo tradicional» o las burocracias sindicales, recuperar formas combativas de lucha, luchar por unir las reivindicaciones de los trabajadores fijos y los temporales, los nativos y los migrantes, los de almacén y los camioneros, varones y mujeres, para poder articular una fuerza poderosa que pueda torcer el brazo a las empresas.

4. Amazon España

En los últimos años hay quienes consideran que España va camino de transformarse en una potencia logística a escala internacional. Según la consultora Catenon, el sector de Logística y Transporte generaba el 6,9% del PIB español en 2023, una cifra que llegaría al 10% si se consideran también las actividades de carácter logístico de empresas industriales, comerciales y de servicios. Un negocio que mueve cerca de 110.000 millones de euros y que ocupa entre 950.000 y 1.200.000 trabajadores, en tareas de aprovisionamiento de suministros, transporte, almacenaje, reparto, empaquetado, carga aérea y la distribución o entrega urbana.[27]

En términos de informática, un *hub* es un dispositivo que concentra energía y la amplía. Aplicado al terreno de la logística, se trata de centros o nodos de almacenes y transporte erigidos a las afueras de las grandes ciudades. En España, los más importantes se encuentran a las afueras de Madrid, Barcelona, Zaragoza, Valencia, Puerto de Cádiz, en el País Vasco y Galicia. La red de carreteras, vías férreas, puertos y ae-

---

27 «Catenon confirma al sector de logística y transporte como el gran motor que hace girar la economía», *RevistaNegocios.es*, 5 de julio de 2023.

ropuertos españoles son considerados una gran ventaja para el sector, que además cuenta con beneficios fiscales y ayudas públicas. La precariedad de la mano de obra, con altos porcentajes de trabajadores y trabajadoras inmigrantes, es otro «beneficio» considerable que aprovechan las empresas del sector.

El corredor del Henares, entre Madrid y Guadalajara, es considerado como la «milla de oro» de la logística española. Se trata de un paisaje que, a lo largo de cincuenta kilómetros, reúne a miles de empresas (desde grandes centros de distribución a pequeñas pymes) con más de ciento cincuenta mil puestos de trabajo, en 6,5 millones de metros cuadrados construidos. Algunos la comparan con las afueras de New Jersey en Estados Unidos o con la región de las East Midlands en Reino Unido. En esta zona tienen sus centros de distribución y almacenes firmas como Inditex, DHL, Amazon, Mercadona, El Corte Inglés, Carrefour, MRW, Primark, ThyssenKrupp o el grupo Mahou-San Miguel. Desde el punto de vista demográfico, el cordón del Henares es un polo de atracción de migrantes. Alcalá de Henares y Coslada tienen una tasa de extranjeros residentes del 20%, bastante por encima de la media del resto del país. Se dice que el cordón del Henares «habla rumano» porque la población proveniente de ese país alcanza sesenta mil personas, trabajando en la logística o actividades complementarias.

Este nuevo polo de concentración de empresas se erige sobre la base de una enorme precarización de la fuerza de trabajo. En muchos de estos grandes almacenes hay gran cantidad de trabajadores eventuales, o fijos discontinuos, con salarios bajos, muchos de ellos inmigrantes, que se consumen física y psicológicamente bajo regímenes laborales muy explotadores.[28]

«En Amazon todo son eufemismos para esconder la explotación pura y dura»

En San Fernando de Henares se encuentra MAD4, el primer almacén que Amazon abrió en España, en 2011. En la actualidad cuenta con unos 1.900 trabajadores. Hace dos años, poco después de la pandemia, llegaron a ser 2.300. Muy cerca, en Alcalá de Henares, se encuentra otro centro que Amazon considera el «más moderno actualmente», abierto en octubre de 2020 y el séptimo gran centro logístico en España.

Daniel trabaja en MAD4 desde mayo de 2015. Participó activamente en las huelgas del 2018, las más grandes que hasta el momento se hicieron en Amazon España. En aquel entonces, era uno de los activistas que ponían el cuerpo en los piquetes y las asambleas. Durante la pandemia, junto con un grupo de trabajadores, decidieron presentarse para las elecciones de comité de empresa con el sindicato co.bas (Sindicato de Comisiones de Base). Presentaron una lista y por la diferencia de solo un voto quedaron en segundo lugar, detrás de CCOO (Comisiones Obreras), que dirige el comité desde hace varios años. Desde entonces, buscan extender la organización de base de los traba-

---

28 Asier Guerrero, «Apuntes sobre la reconfiguración industrial y espacial de la clase obrera en el Estado español», *IquierdaDiario.es*, 20 de diciembre de 2020.

jadores. Lo entrevistamos especialmente para este libro, en agosto de 2023 en Madrid.

«El primer día, cuando entras a Amazon todo parece muy bonito y te encuentras con el lema corporativo: 'Sé feliz, trabaja duro y haz historia'». En realidad, las cosas van a ser muy diferentes. «Desde que entras, fichas y a partir de ahí ya te tienen controlado. Lo primero que hacemos es un *briefing*, una reunión de turno de grupo para ver cuáles son las novedades del día, después vamos cada uno a nuestra tarea y nos conectamos a un escáner. Esta es la herramienta más comentada de Amazon. Te conectas y te tienen controlado. Es una suerte de vigilancia absoluta desde que entras hasta que sales, ahí está todo medido, parametrizado. En el momento que bajas, viene el *lead*, que es un responsable de turno y te dice que tienes que ir al cien por cien, siempre al máximo, da igual la edad y el día, la hora. Registran todo, desde que entras. Eso de que 'no somos robots' es algo con lo que nos identificamos mucho».

Daniel nos dice que en Amazon «el lenguaje es un eufemismo, donde todo se dice para decir lo contrario. Es esa sutileza, para esconder la explotación pura y dura». Porque en realidad «la productividad para los beneficios es lo que marca absolutamente todo. Todos los ritmos están medidos para que hagas números, números, números y sobre eso se basa Amazon».

«Te voy a contar mi primer día de trabajo. Llevaba como veinte minutos trabajando y me llama el encargado, me enseña la herramienta que tienen para medir la producción y me dice: 'Esta línea negra no puede ser'. El primer día, a los diez minutos de entrar. 'Tienes que ir más rápido'. Todos los ritmos están medidos para que hagas números, números, números y sobre eso se basa Amazon».

«La pandemia marca un punto de inflexión»

Durante la pandemia subieron muchísimo los volúmenes de trabajo. Un indicador inequívoco de que «Amazon va a un ritmo distinto del mundo. Mientras el mundo tiembla, Amazon sigue subiendo».

Amazon aumentó la contratación en todos los centros españoles. Sus ganancias se dispararon y exigió a los trabajadores al máximo. Pero, cuando las cosas cambiaron después del 2021, la empresa comenzó a hablar de que hacía falta «hacer ajustes». «No es solo Amazon, es el capitalismo. Un poco después del 2021 empiezan a decir que sobra gente en el almacén nuestro, que es un almacén caro», asegura Daniel en la entrevista.

«Esto es porque nuestro almacén fue el primero en abrir en España, teníamos unos derechos adquiridos históricos a nivel de categorías y trabajar menos fines de semana, mejores horarios y demás». Al terminar la pandemia «empiezan a dar caña y a decir que hay problemas de tipo disciplinario. Es una salvajada, en cuestión de año y medio han despedido por temas disciplinarios por lo menos a ciento cincuenta personas». Otros tantos se han ido mediante un programa de «retiros voluntarios». El otro mecanismo de «ajuste» ha sido precarizar las condiciones laborales, recurriendo a la utilización de la figura del contrato fijo discontinuo. Son trabajadores que figuran en las estadísticas como fijos, pero trabajan solo durante unos meses, «que es lo que se permitió con la reforma laboral».

«Amazon tiene un modelo antisindical en todo el mundo»

En Europa, Amazon cuenta con sindicatos en varios centros. Eso no significa que la empresa deje de lado sus prácticas antisindicales. Así lo ve Daniel: «Cuando se habla de Amazon, se habla de un modelo y se habla de un estándar de trabajo. Quiero decir que, si en la India son antisindicalistas y en Estados Unidos son antisindicalistas, aquí también son antisindicalistas. Otra cosa es que la legislación les permita más o menos».

Durante la pandemia, los trabajadores se sintieron desamparados, no había buenas medidas de seguridad e higiene y fueron ellos los que tuvieron que exigirlas. «La empresa siempre ha sido antisindical y lo será siempre. Es más, ejercen un hostigamiento exagerado contra determinados miembros más visibles del sindicato, se trata de una verdadera persecución. A mí me han cambiado de proceso. Eso hacen, darte los peores trabajos».

Daniel defiende un sindicalismo desde las bases, arraigado en el centro de trabajo, que no se limite a los marcos legales impuestos por las empresas. «La gente nos apoyó y nosotros lo que queremos reivindicar es ese concepto de sindicalismo, donde todos somos trabajadores y a la vez es un sindicalismo sociopolítico, eso es importantísimo para nosotros».

«Hay que salir de los centros de trabajo, hay que ver cuáles son los problemas de otros centros, no solo de otros centros de Amazon, sino de otros centros de la logística, y cuál es el contexto social general. Para tener los pies en el suelo, porque al final entre reuniones con la empresa, pierdes un poco la perspectiva y eso es muy peligroso», asegura.

Una de las mayores peleas a nivel interno es la cuestión de los accidentes laborales y el absentismo. En Amazon MAD4 tienen un nivel de absentismo, según datos de la empresa, del 17%, una cifra muy por encima de la media en el área de la logística, que se sitúa en torno al 7%. Hay una disputa con la empresa, que acusa a los trabajadores de no querer trabajar o inventar excusas. Desde el sindicato, han exigido una comisión de absentismo. «El problema son los procesos de trabajo», que generan todo tipo de afecciones médicas, explica Daniel.

En este marco de agravamiento de las condiciones laborales, amenazas de despidos y aumento de las sanciones disciplinarias, la noticia de que Jeff Bezos había hecho un viaje por el espacio cayó fatal entre muchos trabajadores. «Es obsceno. A nosotros nos dicen que somos trabajadores caros. Fíjate en la paradoja. Cuando Bezos lanza el cohete al espacio manda un comunicado, donde agradece a los 'asociados' como si fuésemos parte de eso. Pero son ellos los que siguen ganando, ganando, ganando, y ganando». Daniel insiste en que hay que combatir la ideología individualista, que también promueven desde la empresa. Esa idea meritocrática de que todos deberíamos querer ser como Jeff Bezos.

5. «¡No somos robots!»

Garfield Hylton tiene cincuenta y ocho años y trabaja desde hace cinco en el almacén BHX4 de Amazon Coventry, Reino Unido, donde se convirtió en uno de los organizadores del sindicato GMB. En el último año, llevan acumuladas más de veintiséis jornadas de huelgas y piquetes. Han afiliado a más de seiscientos trabajadores para el sindicato y están luchando por el reconocimiento sindical por parte de la empresa. Lo entrevistamos por zoom, en abril del 2023, para conocer la experiencia de lucha en Coventry, que comenzó con huelgas «salvajes» en agosto de 2022. Después del agotamiento físico y mental que significó la pandemia para miles de trabajadores, Amazon decidió recortar el pago extra que había otorgado en ese período. En medio de una inflación histórica en Reino Unido, la rabia fue creciendo y explotó en forma de protestas espontáneas.

«Amazon despegó durante el covid, cuando lograron convencer al gobierno del Reino Unido de que nos consideraran trabajadores esenciales. En ese momento pudieron aprovechar su dominio del mercado, porque todo el mundo estaba en casa comprando cosas de Amazon y eso les permitió aumentar su margen de beneficio. A los trabajadores en ese momento se les pagó un aumento de dos libras por hora. ¿Y entonces qué pasó? Amazon decidió retirar ese pago adicional. Y eso molestó a mucha gente, porque sin esas dos libras realmente había que luchar para sobrevivir. Algunas personas tienen que pedir dinero prestado a diario, solo para satisfacer las necesidades del costo de vida, los servicios públicos esenciales y los alimentos para mantener a sus familias. Y eso causó mucho resentimiento. Especialmente cuando escuchas que las ganancias de Amazon son tan altas en el Reino Unido», explica el delegado sindical.

Los trabajadores de Amazon lo dieron todo durante la pandemia, siguieron trabajando en condiciones precarias, arriesgando su salud y la de sus familias. Los llamaron «esenciales» porque Amazon necesitaba seguir empaquetando y enviando productos a cada rincón del país.

«Amazon tiene una política de quemar a la gente y reemplazarla»

Garfield Hylton explica que «dentro de todos los Amazon Fulfillment Centre se trata de un modo terrible» a los trabajadores y trabajadoras. «Mucha gente tiene que trabajar sesenta horas solo para tratar de mantenerse y se ve obligada a hacer horas adicionales. Y esas horas extra los están matando. Amazon tiene una política de quemar a sus empleados y reemplazarlos».

«La forma en que la gerencia trata a su trabajadores... Pienso que deben de tener un libro que diga que tratarán a sus trabajadores con desprecio y los mantendrán pisoteados. Hay un sistema de productividad constante y presiones, porque establecen objetivos altos para que los empleados trabajen más duro».

Los trabajadores sienten en el cuerpo esas exigencias y el control que se ejerce mediante la inteligencia artificial. Con diferentes dispositivos, Amazon captura información sobre el trabajo. Ese «sistema nos está apuntando, diciéndonos que tenemos que trabajar a un ritmo frenético», dice Hylton. «Y cuando tienes un problema, el sistema no lo reconoce. Y luego Amazon mira los datos y dice que no estamos trabajando lo suficiente, no tienen nada en cuenta. Así que sentimos que las condiciones en el almacén son opresivas».

«Pueden controlarte cada minuto, por tarea: es microgestión», explica Hylton. «Se llama 'adherencia al escáner': tienes que estar escaneando cada minuto, para mostrar un escaneado constante y rápido».

A esto se suman las persecuciones sindicales, generando un clima de hostilidad permanente hacia la organización gremial. «Los gerentes fueron entrenados para quebrar a los sindicatos. Así que siempre estaban buscando palabras como organización o personas que se reunían fuera del trabajo».

De la rabia a la organización

En el verano de 2022, cientos de trabajadores se quedaron en la cafetería durante varias horas, negándose a volver al trabajo. «La gerencia no sabía qué hacer», explica Garfield Hylton. «Porque no podían creer que el descontento fuera tanto que la mayoría de la gente se negara a trabajar».

«Así que las cosas se intensificaron, algunos de mis colegas decidieron reunirse con el sindicato GMB y a partir de ese momento tuvimos varias charlas más en la oficina y se decidió que algunos de nosotros diéramos un paso adelante con el apoyo sindical para hacer ver lo que estaba pasando a un sector más amplio», explica Hylton.

La lucha de Amazon Coventry es parte de un despertar más extendido en la clase obrera en Reino Unido. Un proceso profundo que tiene un motor en la descomunal alza del coste de la vida, con la inflación más alta de Europa en este período. La inflación alcanzó en mayo de 2022 un 9,1%, el máximo histórico en cuarenta años. Las consecuencias del Brexit, la pandemia y la guerra de Ucrania se combinaron para crear una importante crisis social. Los medios de comunicación compartían testimonios de maestras y trabajadores públicos que aseguraban que durante el invierno hubo días que tenían que elegir entre prender la calefacción o comer. A eso se sumaba la degradación de los servicios públicos, como la sanidad y la educación, después de cuarenta años de políticas neoliberales, aplicadas por conservadores y laboristas.

Como relata Garfield Hylton para el caso de Amazon, en muchos sitios la situación de los trabajadores y trabajadoras se hizo insostenible a partir de la pandemia. Trabajaban más horas para llegar a fin de mes, y, aun así, el salario no alcanzaba. Esto contrastaba con la vida opulenta de los CEO y gerentes de las grandes empresas, que, como denuncian los trabajadores, aprovecharon la crisis para enriquecerse todavía más.

Según un informe publicado por el High Pay Center, en 2022 los gerentes de las empresas británicas más grandes aumentaron sus pagas casi un 16% respecto al año anterior, mientras que los salarios de los trabajadores se vieron reducidos por el alza de los precios. El ingreso medio de un CEO de estas empresas fue, en 2022, de 3,91 millones de libras esterlinas. Es decir, que un gerente gana 118 veces más que el salario medio de un trabajador, que es de 33.000 libras al año.[29] Pero sus ganancias no caen del cielo, y no existirían si no fuera por los trabajadores. «Esa nave espacial, ese barco: Jeff Bezos no tendría nada de eso si no fuera por sus trabajadores», asegura Hylton.

La primera semana de febrero de 2023 se vivió en Gran Bretaña la huelga más importante de las últimas décadas. Maestras, enfermeras, conductores de ambulancias, bomberos, empleados públicos, profesores universitarios, ferroviarios, trabajadores del correo y muchos otros sectores estaban protagonizando desde hacía meses una extensa ola huelguista. La jornada del 1 de febrero destacó por su masiva participación: medio millón de trabajadores salieron a la huelga en Inglaterra, Gales y Escocia. Maestras y ferroviarios se encontraron de forma unitaria en manifestaciones masivas. El hecho de que confluyeran huelgas simultáneas de importantes sectores, hizo que el «espectro» de la huelga general rondara las calles. Mick Lynch,

---

29   Michael Race, «Big firm bosses› pay rose 16% as workers squeezed» ('Los salarios de los jefes de las grandes empresas aumentaron un 16% debido a la presión sobre los trabajadores'), *BBC*, 22 agosto de 2023.

dirigente ferroviario del sindicato RMT, aseguraba en una concentración en las puertas de Downing Street, frente a miles de maestras y profesores: «Somos la clase obrera, y estamos de regreso».

Algunos medios de comunicación sugerían incluso la posibilidad de un «invierno del descontento», comparando la situación con las grandes luchas de 1978-1979, antes de la llegada de Margaret Thatcher al poder. En realidad, las luchas actuales no llegaron a ese nivel de extensión y radicalidad. Sin embargo, es un hecho que volvieron a plantear la idea de la huelga como arma de lucha.

Según el investigador Satnam Virdee, lo novedoso de estas huelgas «es que en ellas participan una combinación de sectores tradicionales de la clase trabajadora, como las enfermeras y los trabajadores ferroviarios y del correo, pero también sectores de profesiones como los profesores universitarios, los maestros y los médicos. Estos últimos grupos no solo se enfrentan a la disminución de su nivel de vida, sino también a la pérdida de la autonomía que habían ejercido sobre su trabajo. Es decir, como resultado de los procesos de descalificación, rutinización y aceleración del ritmo de trabajo asociados al neoliberalismo, se están proletarizando».[30]

Para Virdee, los procesos actuales pueden pensarse como un despertar, una recomposición inicial de las fuerzas de lucha: «Tras más de treinta años de derro-

---

30 Josefina Martínez, «Las huelgas actuales representan un despertar, está naciendo una nueva clase obrera», entrevista a Satnam Virdee, *IzquierdaDiario.es*, 5 de febrero de 2023.

tas de la clase obrera y de ausencia del sujeto colectivo de la clase obrera en la vida pública, los hijos y nietos de aquellos trabajadores derrotados están hartos. Esta es una de las características más llamativas de la acción actual: la composición de los huelguistas es más joven, hombres y mujeres, y de todas las etnias. Esto refleja en parte el hecho de que, estructuralmente, son los *millennials* y los más jóvenes los que han estado en el punto de mira de la austeridad desde la crisis financiera de 2008».

Hylton explica que la mayoría de la plantilla en Amazon Coventry está formada por migrantes. Un gran porcentaje proviene de Europa del Este, al que se debe sumar el de otros países de Europa, países latinoamericanos, la India y muchos países africanos. Esto planteaba la necesidad de buscar formas de organización audaces para llegar a todos los trabajadores, en diferentes idiomas.

«El almacén de Coventry y el de Rugeley están esencialmente formados por un 80% de mano de obra migrante y hemos identificado por lo menos ocho idiomas diferentes. Se trata de encontrar líderes de esas comunidades, alguien que pueda traducir lo que está sucediendo. En Coventry tenemos líderes que son rumanos, otros de África Oriental, tenemos líderes que son polacos, otros que son de Somalia. Así que estamos cubriendo las diferentes comunidades y esos líderes están convenciendo a esas personas para ir a los piquetes. Y nuestros piquetes son en realidad algo digno de contemplar. Nunca había visto algo así, ayer por la mañana había al menos ciento cincuenta trabajadores deteniendo automóviles. Ha cambiado la forma en que nos organizamos y estamos aprendiendo de ello».

El fantasma de una megahuelga logística en Estados Unidos

UPS es una de las empresas más grandes de logística en Estados Unidos. En 2023, los trabajadores de UPS votaron masivamente para ir a la huelga en el mes de julio. Unas semanas antes de la fecha elegida, arrancaron los «piquetes de práctica» frente a los centros logísticos, una manera de ir calentando el ambiente. Los medios advertían sobre la posibilidad de una megahuelga, por las dimensiones de la empresa y por la cantidad de trabajadores involucrados: 340.000 trabajadores iban a parar de forma simultánea en todo el país. Sin embargo, pocos días antes del día D para el inicio de la huelga, UPS y el sindicato Teamsters llegaron a un acuerdo, que el sindicato calificó de «histórico». De los 150.000 miembros que participaron en la votación, la mayoría (86%) votó a favor de aceptar el nuevo convenio. Aun así, muchos piensan que se podría haber conseguido bastante más.

Entrevisté a Luigi Morris por Zoom en el verano del 2023. Él es trabajador de UPS, tiene treinta y ocho años, es latinoamericano, vive y trabaja en Nueva York. Nos explica la potencialidad de una huelga cuya sola amenaza puso contra las cuerdas a la principal empresa de logística en Estados Unidos. Él votó en contra del acuerdo sindical. «El voto negativo significa que queríamos tener la oportunidad de luchar por más. Si se hubiera rechazado el acuerdo, habría significado que el sindicato volvía a la mesa de negociaciones, que blandíamos de nuevo la amenaza de la huelga para conseguir más de lo que ya tenemos. Aunque este convenio tiene importantes logros, se podrían haber conseguido más yendo a la huelga, algo que los trabajadores de UPS estaban dispuestos a hacer».

Luigi describe la gran fuerza que podía ponerse en movimiento. «En la preparación de esta huelga todo era bestial. Empezando por los números: 340.000 trabajadores. Si sumas a sus familias, ya teníamos a un millón de personas afectadas de forma directa por esta huelga. Pero, además, era realmente una huelga que podía afectar a la economía en su conjunto».

Por las manos de los trabajadores y trabajadoras de UPS pasan miles de paquetes todos los días. En el caso de Morris, en un solo día puede cargar ochocientos o mil paquetes. Desde cajas con insumos para un hospital, a placas de hierro que van para pequeñas industrias, productos para comercios, materiales de restaurantes, piezas para talleres, pequeñas industrias, de todo. «A veces cuando se piensa en logística, se dice que nosotros no producimos nada, simplemente son millones de paquetes que pasan por nuestras manos, llegan y se van. Pero así todo, el efecto que podemos tener en la economía es enorme. Y había mucha voluntad de salir a la huelga, en una empresa que durante la pandemia tuvo récord de ganancias, 13.000 millones de dólares por año», explica.

«La lucha de UPS, uno de los mayores empleadores del sector logístico de Estados Unidos, cautivó los corazones y la imaginación de los trabajadores de todo el país, demostrando los cambios en el estado de ánimo y la forma de pensar de la clase trabajadora tras la pandemia. También mostró que los trabajadores están cada vez más dispuestos a luchar y a hacer huelga para conseguir sus reivindicaciones. Los trabajadores de base del sindicato Teamsters [la Hermandad Internacional de Camioneros de Estados Unidos y Canadá, tradicional sindicato de camioneros que actualmente agrupa también a otros trabajadores de la logística] votaron abrumadoramente a favor de autorizar una huelga y miles participaron en piquetes preparatorios. Esta energía y compromiso desempeñaron un papel importante a la hora de presionar a UPS para que ofreciera concesiones a los Teamsters», señala Luigi como conclusiones de la lucha.

Luigi Morris cree que la experiencia de UPS también muestra «los límites del actual movimiento sindical». Porque «a pesar de toda la fuerza de una posible huelga, con un apoyo popular masivo, los líderes sindicales fueron capaces de convencer a la gran mayoría de los trabajadores de que no hicieran huelga y aceptaran un contrato que no resolvía cuestiones clave». Entre esas cuestiones pendientes, se mantiene la enorme desigualdad salarial entre trabajadores que hacen el mismo trabajo, o la diferencia entre los camioneros (que lograron imponer mejorar sus condiciones laborales) y los que trabajan en el almacén a tiempo parcial, con contratos mucho más precarios.

«Me levanto para ir a trabajar a las tres de la mañana, con intensos dolores de espalda por el esfuerzo que me demanda este empleo, y profundamente agotado por trabajar en UPS y hacer otros trabajos adicionales para llegar a fin de mes. Con este contrato, no hay ningún cambio sustancial en mi vida. No me parece 'histórico'. Me pagan mejor, pero no lo suficiente para llegar a fin de mes. Me dan dos días más de baja por enfermedad, lo cual, cuando pienso en el dolor de espalda, sé que no es suficiente. Me imagino lo que sienten las familias monoparentales que no solo tienen que luchar para llegar a fin de mes, sino también por sus hijos. Pienso en los padres que ni siquiera pueden recoger a sus hijos debido a los dolores de espalda y que no pueden tomarse días libres para cuidar de los niños cuando enferman».

Morris destaca que los trabajadores salieron de la pandemia «como trabajadores esenciales, reconocidos como agentes de cambio dentro de la clase trabajadora. Hay odio contra las empresas y los directores generales que se enriquecieron durante la pandemia. Cientos de miles de trabajadores de todo el país estuvieron en huelga mientras se negociaban los contratos. La popularidad de los sindicatos siguió creciendo, especialmente entre los jóvenes, que desempeñaron un papel fundamental en la organización en lugares como Starbucks, Amazon y otros. Todo esto es muy auspicioso de lo que puede venir».

La lucha en UPS es importante también para los trabajadores de Amazon. Ambas empresas compiten por franjas del mismo mercado, pero Amazon viene avanzando sobre la base de una mayor precarización de su fuerza laboral.

«Amazon es el reino de las cero sindicalizaciones. Los trabajadores de Amazon son los precarios de los precarios. Y la diferencia es abismal entre los conductores. En el caso de los Teamsters, tienes obra social, jubilación, protección que hace más difícil que te despidan, un cuerpo de delegados. Pero si eres conductor en Amazon, no hay nada». Por eso, Morris piensa que es «fundamental avanzar en la organización en UPS y en Amazon, dentro de los almacenes, organizando a los trabajadores temporales, a los más precarios».

6. Bienvenida, clase obrera

Mucho se ha debatido sobre las tesis del «fin del trabajo», ya sea desde puntos de vista optimistas o pesimistas, desde el *mainstream* capitalista o desde posiciones anticapitalistas. Para algunos, el impulso de la robotización, el desarrollo de la informatización y la IA, volverían cada vez más prescindibles a los trabajadores en cada vez más sectores.

Sin embargo, en los últimos años, las tesis del fin del trabajo producto de la «automatización» han sido rebatidas con diferentes argumentos. Aaron Benanav, en su libro *La automatización y el futuro del trabajo* (2020; traducción de José María Amoroto, Madrid, Traficantes de Sueños, 2021), sostiene que, si bien existe una tendencia hacia la destrucción de empleos a nivel global en las últimas décadas, esta no es producto de la robotización, sino consecuencia de un largo estancamiento de la economía mundial que lleva a una creación de empleos más lenta. Esto redundaría no solo en menor creación de empleo, sino también en la creación de empleo de peor calidad. No se trataría tanto de un «futuro sin trabajo» como de un futuro de «peor trabajo».

Sobre esta cuestión, Esteban Mercatante plantea que el énfasis en la tesis de la desindustrialización «lleva a no dar suficiente relevancia a la novedad de una fuerza laboral de cientos de millones que pasó a estar empleada de manera directa o indirecta por el capital multinacional en la industria en los países dependientes». Es decir, puede llevar a «no ver cómo la acumulación de capital ha creado en nuevos puntos las concentraciones de fuerza laboral que mermaron o desaparecieron en los países imperialistas, y que vienen de protagonizar importantes luchas».[31] Mercatante cuestiona también a Benanav por lo que considera «una posición más bien derrotista» sobre las posibilidades de emergencia de la lucha de clases.

Otros autores señalan también que hay que relativizar la tesis de la «desindustrialización» como tendencia unilateral. Lo que hay es un proceso complejo, mediante la deslocalización, que ha dado lugar a una «industrialización dispersa» geográficamente. Paula Varela y Gastón Gutiérrez, investigadores en sociología del trabajo, señalan que «asistimos a un proceso más desigual en el que se forman sectores nuevos (megalmacenes logísticos), nuevas clases obreras en países de reciente industrialización (megaindustrias en Asia), e 'industrialización' de nuevos sectores (la industria de la salud o de la educación)».[32] Varela y Gutiérrez reflexionan sobre la crisis del trabajo a nivel global y formulan tesis muy interesantes. En primer lugar, retoman análisis esta-

---

31 Esteban Mercatante, «Automatización y «fin del trabajo»: el futuro ¿ya llegó?» (reseña de *La automatización y el futuro del trabajo*, de Aaron Benanav), *Ideas de Izquierda*, 28 de marzo de 2021.

32 Gastón Gutiérrez Rossi y Paula Varela, «¿Hacia dónde va el trabajo? Apuntes sobre la clase trabajadora global», *Revista Corsario Rojo*, núm. 2; accesible en la red a través de la web *Ideas de Izquierda*.

dísticos que indican que no hay ninguna desaparición «empírica» de la clase trabajadora, más bien lo contrario. En los últimos cuarenta años, la fuerza total de la población económicamente activa asalariada y no asalariada creció un 75%, incorporándose cerca de 1.500 millones de personas al mercado laboral a escala mundial. Según datos de la OIT en su informe de enero del 2023, esta fuerza de trabajo global llega a 3.600 millones de personas (2.171 millones de hombres y 1.430 millones de mujeres). De estos, 3.393 millones se encuentran ocupados y 208 millones están en el paro.

Ahora bien, que la clase trabajadora haya tenido un importante crecimiento numérico no significa que no exista una «crisis del trabajo». Una «extendida y creciente precarización laboral; progresiva feminización de la fuerza de trabajo en nichos de bajos salarios; aumento de la subocupación y la sobreocupación; fluctuaciones con piso alto del desempleo; impacto de algunos cambios tecnológicos que, sin reemplazar el trabajo humano, lo someten a nuevas formas de control y gestión de la relación capital-trabajo; y, consecuencia de lo anterior, proliferación de los 'trabajadores pobres' como condición cada vez más extendida tanto en los países periféricos como en los centrales, aunque con distinto ritmo e intensidades», sostienen Varela y Gutiérrez.

En la reconfiguración de la clase trabajadora global, se observan varias tendencias. En primer lugar, la mayor «industrialización» y «asalarización» del sector servicios, que desmiente la tesis de un nuevo modo de valorización «cognitivo» o basado prioritariamente en el trabajo «inmaterial». Por otro lado, el crecimiento de la logística como «solución espacial» a la crisis capitalista, que genera «enormes concentraciones en *clusters* logísticos que no tienen nada que envidiarles a las «clásicas» concentraciones fabriles, y que transforma a estos trabajadores en un sector clave para pensar las luchas y resistencias». Varela y Gutiérrez analizan también las tendencias a la «plataformización» del trabajo (comida a domicilio, Uber, etc.) y el surgimiento de nuevas formas de trabajo informal. Por último, señalan «el crecimiento del trabajo fuertemente feminizado en el área de la reproducción social asalariada (salud, educación, cuidados), en el marco de una crisis de reproducción social como rasgo destacado de la crisis capitalista global». Estos procesos dan lugar a una «nueva morfología de la clase obrera» que se combina de forma desigual por regiones con otros sectores más tradicionales de la industria o los servicios, así como con amplias franjas de trabajo informal y desempleo.

La clase trabajadora está atravesada por una importante feminización y racialización. Mientras que las relaciones salariales se han extendido a nivel mundial, la fragmentación de la clase trabajadora es una realidad. No solo las enormes brechas entre las clases trabajadoras de los países semicoloniales o dependientes respecto de aquellas de los países más ricos. Esas divisiones se reproducen con fuerza en los centros capitalistas, donde la clase trabajadora está formada cada vez más por grandes sectores migrantes, racializados y precarios.

La internacionalización de las relaciones de producción capitalista fue impulsada y aprovechada por el capital globalizado para llevar a cabo en gran escala el «arbitraje global del trabajo», tal como lo definió Stephen Roach, ex jefe de operaciones de Morgan Stanley en Asia.[33] Este argumentó que las empresas podían utilizar a su favor el «arbitraje laboral mundial» mediante la sustitución de «trabajadores con altos salarios y calidad similar» en los países del centro capitalista «por trabajadores con salarios bajos en el extranjero». Se trata de acceder a una reserva mundial de trabajo barato. Sin embargo, esta mayor internacionalización de la clase trabajadora, potencialmente también puede ser base para una unidad y coordinación internacionalista más orgánica de las clases trabajadoras de distintos países.

En este marco, se viene produciendo un debate muy polarizado en sectores de la izquierda a nivel internacional. Algunos sectores, que se han rendido ante el multiculturalismo neoliberal, se enfocan únicamente en los múltiples agravios identitarios, como si la clase trabajadora estuviera pulverizada, y borran del mapa el horizonte de la lucha de clases. Creen que poner énfasis en la necesidad de articular las fuerzas de la clase trabajadora sería un «esencialismo de clase». En el polo opuesto, hay quienes proponen volver a poner en el centro la idea de «clase», pero lo hacen desde un limitado corporativismo sindical, o un «chovinismo del bienestar», incluso llegando a posiciones rojipardas contra los

---

33 Stephen Roach, «How global labour arbitrage will shape the world economy» ('Cómo el arbitraje laboral global dará forma a la economía mundial'), *Global Agenda*, 30 abril de 2022.

inmigrantes en casos extremos. Desde nuestro punto de vista, tratar de responder al neoliberalismo posmoderno con discursos economicistas sobre una clase obrera abstracta no lleva a ningún lado (o puede llevar a posiciones muy conservadoras). Pero tampoco es una salida negar las posibilidades de autoorganización de la clase trabajadora y su potencialidad como clase creadora.

El ingreso masivo de mujeres y migrantes en el mundo laboral actualiza la necesidad de cruzar la cuestión de clase con las opresiones de género y racismo. Las mujeres de la clase trabajadora y los sectores populares se ocupan mayoritariamente del trabajo de reproducción en el hogar (un trabajo fundamental para la reproducción de la fuerza de trabajo) en una «segunda jornada laboral» no pagada. A su vez, la mayor asalarización del trabajo de reproducción (limpieza, cuidado de enfermos, educación, sanidad, etc.) se lleva adelante con una mano de obra mayoritariamente femenina, migrante y precaria. Además, las mujeres trabajadoras, junto con jóvenes precarios y migrantes, son quienes forman la mayor parte del «ejército industrial de reserva», fundamental para la acumulación capitalista. Es decir, son aquellos que están subocupados o desempleados, y que pueden ser incorporados con salarios más bajos a la fuerza laboral o despedidos en situaciones de crisis. Finalmente, en el interior de los lugares de trabajo también existe una división sexual y jerarquización racial del trabajo, estando las posiciones más precarias ocupadas por mujeres, migrantes y personas racializadas, algo que ocurre en trabajos de la logística o en los más tradicionales.

En todo el mundo, la clase que vive de su trabajo está fragmentada por el género, la raza, las desigualdades entre contratos fijos o temporales, externalizados o internos, empleados y desempleados, etcétera. Es decir, múltiples fracturas superpuestas que delinean un mapa fraccionado entre trabajadores de «primera», «segunda» y «tercera». *Eppur si muove*.

Como hemos planteado en varios artículos,[34] las divisiones y fragmentaciones de la clase trabajadora no son algo dado, ni producto ineluctable de un «cambio de época», que daría como resultado la imposibilidad de retomar formas de lucha masivas y combativas. En todo caso, son consecuencia de la ofensiva del capital sobre el trabajo en el período neoliberal y de la normalización de las derrotas por parte de las burocracias sindicales acomodadas al *statu quo*. Como ironizó Warren Buffet, no es que no haya lucha de clases, lo que pasa es que son ellos los que la vienen ganando.

Poner el ojo en las cambiantes relaciones de fuerza entre el capital y el trabajo, en las luchas moleculares o en las grandes huelgas y movilizaciones, es fundamental para no comprar el relato neoliberal del «fin del trabajo» y apostar, en cambio, por su constitución en una fuerza social y política que desafíe al capital.

---

34 Josefina L. Martínez, «Clase obrera se escribe en femenino y plural», *CTXT*, 12 de septiembre de 2018; ««No somos esclavas». Huelgas de trabajadoras en las maquilas globales», *CTXT*, 31 de julio de 2020; «Clase obrera, unidad y diversidad», *CTXT*, 14 de agosto de 2021.

El regreso de la voluntad de huelga

La llegada de la pandemia desmintió el sentido común neoliberal de que la clase obrera había «desaparecido». Cuando se impusieron los encierros en muchos países, gran parte de la población reconoció que los trabajadores eran esenciales. Sin ellos y ellas no había comida, ni transporte, ni sanidad. Sin la clase obrera, no se mueve nada. Millones de trabajadores y trabajadoras siguen ocupando *posiciones estratégicas* en la producción, el transporte, los servicios esenciales y la reproducción, claves para el funcionamiento de la sociedad capitalista. Ha sido una forma de autorreconocimiento elemental como clase, que comenzó a vislumbrarse en medio de la crisis.

Ahora bien, la crisis pandémica degradó aún más las condiciones laborales de gran parte de la clase trabajadora: limpiadoras, cuidadoras, enfermeras, cajeras de supermercados, mozos de almacén en centros logísticos, conductores, repartidores de *delivery*, maestras y profesores, empleados de *call center*, obreros y obreras de fábricas, peones de la construcción, empleadas de comercio. En muchos lugares de trabajo tuvieron que enfrentar despidos, maltratos físicos y psicológicos, rebajas salariales, mayor explotación. Comenzó a crecer un malestar y surgió una pregunta: «Si éramos esenciales, ¿ahora somos descartables?».

Una vez superado el momento más duro de la pandemia, se ha producido una reactivación de la conflictividad laboral en diferentes países. Esto es notorio en Estados Unidos, Francia o Reino Unido. En 2023 arrancó la enorme huelga de las tres grandes firmas automovilísticas en Estados Unidos, poco después de la huelga de los guionistas y actores de Hollywood y de la amenaza de huelga en UPS (sobre la que conversamos con Luigi Morris en el capítulo anterior). También a comienzos de octubre se declaraba la mayor huelga sanitaria en el país, con 70.000 trabajadoras y trabajadores sanitarios del hospital Kaiser Permanente que se declararon en huelga. Analizando las huelgas en Estados Unidos, Kim Moody sostiene que, en medio de la pandemia, «millones de trabajadores mal pagados han descubierto, si es que aún no lo sabían, que eran 'esenciales' para el funcionamiento de la sociedad, incluso cuando sus jefes continuaban abusando de ellos, haciéndolos trabajar en exceso y pagándoles mal».[35]

En Europa se vivió una importante «ola de huelgas» en 2023. El 11 de febrero, 140.000 docentes tomaron las calles de Lisboa en la manifestación más multitudinaria del sector en la última década. «Estoy aquí por mis alumnos, por mis colegas precarios, por cuestiones que afectan a los trabajadores más mayores, por el congelamiento (de los salarios)», explicaba María Guerra, profesora de Leiria (localidad ubicada a 150 km al norte de la capital lusa).[36] Los docentes quedaron «exhaustos» después de la pandemia y tuvieron que vérselas con la inflación. Y si bien los docentes

35 Kim Moody, «Upticks, Waves, and Social Upsurge», *Spectre*, 15 de noviembre de 2021.

36 María Guerra, «Profesores de la escuela pública lusa toman Lisboa en la mayor protesta de maestros», *El Imparcial*, 12 de febrero de 2023.

lusos se manifestaban por los salarios y la carrera docente, la huelga servía de canal de expresión para un conjunto de malestares acumulados.

En Grecia, una serie de huelgas y manifestaciones irrumpieron a partir del accidente de tren donde murieron 57 personas el 28 de febrero de 2023. También en este país la movilización expresaba la cólera acumulada por múltiples razones. «El dolor se ha convertido en rabia por las decenas de compañeros y ciudadanos muertos y heridos», afirmaba el sindicato ferroviario en un comunicado. Tres huelgas generales fueron convocadas el 8, el 13 y el 16 de marzo, a las que se sumaron huelgas en el metro, en el servicio de trenes nacionales e interurbanos. Sobre la huelga del 8 de marzo, convocada en el sector público, la prensa internacional destacaba el éxito de las manifestaciones y que en todas las ciudades «ha sido notorio un protagonismo juvenil poco habitual en convocatorias sindicales». En algunas localidades como Patras, Volos, Heraclión o Mitilene «no se veían manifestaciones tan grandes desde el final de la dictadura en 1974».[37] El deterioro de los servicios públicos era percibido como una consecuencia directa de las privatizaciones y los planes de austeridad impuestos por la Troika, aplicados por los conservadores y también por la izquierda moderada Syriza. Todavía pesa muy negativamente la capitulación de Syriza ante la Troika y en las elecciones los conservadores de Nueva Democracia volvieron a ganar las elecciones.

---

37   Hibai Arbide Aza, «Grecia vive la mayor huelga general de la última década en protesta contra el accidente de tren», *El País*, 8 de marzo de 2023.

En Reino Unido, el punto más alto de la movilización se produjo con la megahuelga del 1 de febrero a la que ya hemos hecho referencia. Muchos periodistas la definieron como una huelga general en los hechos, porque confluyeron huelgas de ferroviarios, empleados públicos, enfermeras, bomberos, maestras, profesores universitarios y otros sectores. Ese día, medio millón de trabajadores salieron a las calles en protesta contra la subida del coste de la vida. En el sector público, el Gobierno de Sunak mantenía una línea dura y un discurso casi thatcherista contra los huelguistas, promoviendo una nueva legislación antisindical. Por eso la seguidilla de huelgas en los sectores públicos adquirió un tinte político mayor, de enfrentamiento abierto con el Gobierno.

En Francia, la lucha de clases ha tenido hitos destacados en los últimos años. Entre marzo y mayo de 2023 se vivió «la batalla de las pensiones», con decenas de jornadas de huelgas y masivas movilizaciones contra el gobierno de Macron. La aplicación del antidemocrático decreto 49.3 para aprobar la reforma de las pensiones, repudiada en las calles y rechazada por la mayoría de la población francesa, significó un salto autoritario del Gobierno francés. Esto abrió un punto de inflexión y radicalidad en la lucha, con la multiplicación de movilizaciones espontáneas, huelgas duras en sectores estratégicos como las refinerías, cortes de vías, ocupaciones de colegios y universidades y fuertes enfrentamientos con la policía. Si bien estas manifestaciones de protesta no llegaron a tomar forma en una verdadera huelga general, por la negativa de las principales centrales sindicales. Unos meses después, estalló la revuelta de los barrios populares contra el racismo policial, como respuesta al asesinato del joven Nahel. Sin embargo, estas revueltas explosivas de los barrios populares no han logrado unirse aún a las huelgas de los contingentes más importantes de la clase trabajadora. Las cúpulas de los sindicatos, que llamaron a jornadas de huelgas sin continuidad, evitaron la coordinación con los jóvenes migrantes de los barrios populares. El proceso de lucha de clases en Francia viene siendo el más avanzado del continente y todo indica que, aunque momentáneamente haya sido frenado, puede retomarse en cualquier momento.

Las huelgas sanitarias han sido un elemento común en varios países después de la pandemia. En el Estado español hemos visto masivas manifestaciones por la sanidad pública en varias ciudades. En Madrid, una marea blanca llenó las calles en febrero de 2023, con cientos de miles de personas en apoyo a la huelga de los médicos de la atención primaria y contra el deterioro de la sanidad pública. También se producen luchas laborales por sectores e incluso algunas que obtienen triunfos, como la importante huelga de las trabajadoras de las tiendas de Inditex-Zara, que consiguieron aumentos por encima del 15%. La huelga del metal de Cádiz, poco antes, también conmovió a miles de personas en todo el Estado, mostrando que la clase obrera todavía dará mucho que hablar.

La situación es desigual a nivel territorial. Durante el año 2022, 342 de las 679 huelgas que se registraron tuvieron lugar en el País Vasco y más de la mitad de los trabajadores que secundaron alguna huelga eran vascos. La cifra es aún más impactante si tomamos en cuenta que el peso poblacional de Euskadi no llega al 5% del total. Los sindicatos ELA, LAB, CCOO, Steilas, SATSE y ESK han convocado jornadas de huelga general en los servicios públicos, y en noviembre de 2023 se convocó una «huelga feminista general». Sin embargo, esta no es la tónica general en el resto del territorio, donde las huelgas han sido divididas por sector y sin continuidad. Los sindicatos mayoritarios no convocan una huelga general desde hace más de una década (la última fue el 14 de noviembre del 2012). De hecho, vienen manteniendo un pacto de «paz social» en acuerdo con las patronales y el Gobierno «progresista».

En diferentes países, los procesos huelguísticos están marcados por las nuevas condiciones económicas y políticas abiertas tras la pandemia, la inflación y otras múltiples crisis como la guerra de Ucrania. Las luchas han involucrado sectores muy diferentes de la clase obrera, desde los más jóvenes y precarios a los más feminizados en los servicios y algunos de los más tradicionales de la industria. En Estados Unidos, hemos visto olas de huelgas en los precarios de la generación U en Starbucks, entre los guionistas de Hollywood, las maestras y enfermeras o los trabajadores de «mono azul» de la industria automotriz.

La gran huelga de los tres grandes fabricantes de automóviles en Estados Unidos tuvo un resultado favorable para los trabajadores y aportó algunos elementos importantes para reflexionar. Por un lado, sus reivindicaciones fueron muy progresivas. Como señala Daniel Alfonso en un artículo de *Left Voice*, estas incluían «un aumento salarial del 40% a lo largo del contrato (la misma cantidad que han aumentado las ganancias de la patronal en los últimos años), el fin de los escalafones, la incorporación de los trabajadores temporales como trabajadores a tiempo completo, una semana laboral de 32 horas con un salario de 40 horas y el derecho a la huelga en caso de que se vaya a cerrar una planta. El aumento salarial del 40% era un punto de partida, y la reivindicación de una semana laboral de 32 horas con un salario de 40 horas, quizá la más ambiciosa, expresa las elevadas aspiraciones de los trabajadores y ha puesto la 'conciliación entre vida laboral y familiar' en el mapa para otros millones de trabajadores».[38] A su vez, el sindicato lanzó críticas fuertes a las superganancias de las empresas, lo que ayudó a ganarse el apoyo de sectores de la población que están descontentos con los hipermillonarios. Aunque la huelga fue muy dirigida «desde arriba», sin contar con comités de huelga locales y de planta, logró bastante apoyo de la población y pudo imponer varias de sus reivindicaciones. Esto puede incentivar a otros sectores a salir a la huelga, ya que ha mostrado que los trabajadores pueden comenzar a ganar algunas batallas. Es algo que han tenido muy en cuenta Biden y Trump, quienes buscaron, por di-

---

38 Daniel Alfonso; «La huelga de los trabajadores automotrices de Estados Unidos es la más importante en décadas», *IzquierdaDiario*.es, 3 de octubre de 2023; traducción de Gloria Grinberg, original en inglés publicado en *Left Voice*.

ferentes vías, llegar a sectores de trabajadores como base de sus campañas electorales.

¿Un nuevo tipo de sindicalismo de lucha de clases?

En su libro *Class Struggle Unionism* (Haymarket Books, 2022), Joe Burns señala que hace falta recuperar un «sindicalismo de la lucha de clases». Este sería opuesto al «sindicalismo empresarial», que se basa en negociar las condiciones de la venta de la fuerza de trabajo, sin cuestionar en lo más mínimo las condiciones impuestas por la patronal. Burns sostiene que en los últimos años surgió también un «sindicalismo liberal», a mitad de camino entre los dos anteriores. Este llevó adelante algunas huelgas (aunque parciales o enfocadas como acciones simbólicas) y se acercó a los movimientos sociales, pero abandonó la organización de los lugares de trabajo. Sus representantes «utilizaron las huelgas y el sindicalismo para aprobar leyes progresivas, lo que les sitúa más cerca de los grupos de presión de clase media que del verdadero sindicalismo empresarial». Tendieron a buscar la «protección» del Estado y se transformaron en apéndices de las políticas del Partido Demócrata en Estados Unidos.

Para Burns, el desafío de un «sindicalismo de lucha de clases» es incorporar con fuerza las cuestiones de género y el antirracismo a las luchas obreras, pero hacerlo con métodos de lucha de clases: recuperar las huelgas, la ocupación de fábricas y los piquetes masivos para bloquear a la empresa. Antaño, «los sindicatos podían ampliar la huelga extendiendo los piquetes a otras empresas afines, hacer huelga en ramas enteras o negarse a permitir la circulación de los productos de la industria que estaba en conflicto. Estas tácticas de solidaridad ejercían presión sobre los empresarios y afectaban las ganancias».[39] Burns también señala que «la estrecha alianza del Partido Demócrata y la burocracia sindical permite que las ideas de la clase de los multimillonarios penetren en el movimiento obrero y lo controlen». Por lo tanto, recrear un nuevo sindicalismo de clase implica también recuperar la independencia política de los trabajadores.

Las reflexiones que realiza Burns en relación a la clase obrera norteamericana podríamos extenderlas a otros países. Durante el período neoliberal se generalizó por parte de las burocracias sindicales ese tipo de «sindicalismo empresarial» o sindicalismo moderado que permitió que pasaran sin luchar todos los ataques: reformas laborales, flexibilización, trabajo parcial, externalizaciones, rebajas salariales, etc. Al mismo tiempo, la negativa a incorporar las reivindicaciones de los sectores más precarios de la clase trabajadora, las mujeres, precarias e inmigrantes, limitó la capacidad de los sindicatos para enfrentar las divisiones de la clase trabajadora. Otros adoptaron el modelo de un «sindicalismo liberal» o sindicalismo de presión, que tampoco se propuso romper el *statu quo*, como en el caso de los sindicatos mayoritarios en el Estado español o en Francia.

Ahora bien, algunas de las luchas en Amazon que hemos recorrido, así como otras que se están desarro-

---

39   «Debates sobre el movimiento obrero norteamericano hoy», entrevista con Joe Burns, *IzquierdaDiario.es*, 23 de octubre de 2022; traducción de Maximiliano Olivera, original en inglés publicado en *Left Voice*.

llando a escala global, indican que algo nuevo puede estar emergiendo desde abajo. En algunos casos, empiezan a aparecer nuevos sectores combativos, activistas que se proponen organizar la lucha, buscando coordinar y unir desde abajo lo que dividen desde arriba las patronales y las burocracias.

Todo indica que la clase trabajadora en diferentes países está comenzando a moverse, aunque el camino para su recomposición subjetiva no será lineal ni evolutivo. En un mundo turbulento, atravesado por crisis, guerras y ofensivas belicistas, este camino no es sencillo, ni puede simplemente repetir fases anteriores que recorrió la clase trabajadora en el siglo XIX y el siglo XX. La revolucionaria Rosa Luxemburgo, en su panfleto *Reforma o revolución* (1899), señalaba que, mientras el sistema capitalista siga existiendo, los sindicatos estarán condenados a realizar «una suerte de trabajo de Sísifo» que, si bien es indispensable, tiene profundos límites: avanzar, conseguir algunos derechos con duras batallas, retroceder producto de los ataques y volver a empezar. Esto es así porque la lucha de clases entre los capitalistas, por un lado, y la clase obrera, las mujeres y la juventud, por otro, no cesará nunca mientras se mantengan intactas las relaciones de explotación y opresión.

Los fondos buitres del capital financiero, la banca internacional, los propietarios de todos los medios de producción y los dueños de la tierra buscan aumentar sus ganancias y presionan siempre para rebajar salarios, extender la jornada laboral, liquidar derechos laborales. En su apoyo cuentan con múltiples mecanismos legales y las fuerzas represivas a su servicio cuando es necesario.

Que la lucha sindical es un «trabajo de Sísifo» queda claro cuando hacemos un recorrido histórico por las luchas de la clase obrera. La lucha por reducir la jornada laboral, para aumentar los salarios y por conseguir mejores condiciones laborales estuvo presente en las grandes huelgas del siglo XIX y principios del siglo XX, y ha sido retomada infinidad de veces en la historia hasta la actualidad. La pandemia de covid, seguida de la guerra de Ucrania, la crisis inflacionaria y más recientemente la nueva ofensiva del Estado de Israel contra el pueblo palestino, muestran las aristas de una crisis de múltiples dimensiones: sanitaria, económica, social, climática, geopolítica, una crisis de cuidados y laboral. Las diferentes caras de la catástrofe a la que nos lleva el sistema capitalista. Esto refuerza la idea de que no alcanzará con la lucha sindical, ni con luchas parciales en los movimientos sociales. Es posible ganar una huelga hoy que consiga avances, pero mañana, con una nueva crisis, se multiplicarán los ataques. Todas estas luchas, con sus triunfos y derrotas, son fundamentales para cambiar las relaciones de fuerza, aprender a identificar a los enemigos, cobrar conciencia de las propias fuerzas, sumar aliados. Sobre todo, tendrían que servir para preparar los futuros combates y adoptar una estrategia para vencer.

Marx comparaba la lucha de la clase trabajadora por el aumento de salarios con una lucha permanente de guerrillas, provocada una y otra vez por los abusos del capital. Y advertía que las trabajadoras y trabajadores no debían olvidar que con estas luchas están enfrentando los efectos, pero no las causas de estos efectos, que lo que hacen es aplicar paliativos, pero no curan la enfermedad. Estas luchas, en todo caso, tienen que permitir «comprender que el sistema actual, aun con todas las miserias que vuelca sobre ella, engendra simultáneamente las condiciones materiales y las formas sociales necesarias para la reconstrucción económica de la sociedad».[40]

---

40   Karl Marx, *Salario, precio y ganancia* (1865), texto completo accesible a través del *Marxist Internet Archive*.

A modo de epílogo

¿Y si expropiamos Amazon?

En el último siglo, la productividad del trabajo ha aumentado varias veces en los países más ricos, pero la jornada laboral se mantiene sin modificaciones. O peor aún, con las reformas laborales neoliberales, las patronales disponen del tiempo de trabajo como prefieren, mediante horarios flexibles, horas extras que ni siquiera se pagan, etc. Con el teletrabajo, la esfera laboral ha colonizado aún más el espacio de la «vida», dejando muy poco tiempo libre, aumentando el estrés y la ansiedad. Marx escribió que, si bien el capital tiende a crear tiempo disponible, «lo convierte en plustrabajo».[41] Es decir, que los avances tecnológicos permitirían hoy reducir la jornada a unas pocas horas diarias, pero en vez de liberar a los trabajadores de la carga del trabajo, el capital los ata con cadenas más pesadas. Amazon es un gran ejemplo de esto: la tecnología, la robotización y los recursos del Big Data están al servicio de succionar

---

41   Karl Marx, *Elementos fundamentales para la crítica de la economía política* (1857-1858), traducción de José Aricó, México, Siglo XXI, 1982, tomo II, p. 229.

más la energía de los trabajadores, cortar los tiempos muertos, disciplinarlos.

El hecho de que en varios países se comiencen a debatir propuestas para la reducción de la jornada laboral a cuatro días semanales o seis horas diarias, sin reducción salarial, es muy auspicioso. Pero es ilusorio pensar que se puede convencer a las grandes empresas de que «empaticen» con los trabajadores y acepten de buena gana una reducción de sus beneficios, como plantean algunos sectores de la izquierda institucional. Eso no ha ocurrido nunca en la historia. Urge en cambio desplegar los métodos de lucha de la clase obrera y los movimientos sociales, con la autoorganización desde abajo, para imponer medidas que cuestionen las ganancias de los capitalistas.

Según el Instituto Nacional de Estadística de España, una de cada cuatro mujeres trabaja a tiempo parcial (23%), un porcentaje que triplica el de los hombres. Las obligaciones familiares y el cuidado de otras personas, junto a la imposibilidad de encontrar otro tipo de empleo, se aducen de forma mayoritaria como causas. Para más de la mitad de las mujeres, se trata de una situación laboral no deseada. Sin embargo, la mayoría de ellas sigue trabajando más que los hombres, si sumamos el trabajo remunerado y el no remunerado. Según un estudio realizado por Lídia Farré (Universitat de Barcelona) y Libertad González (Universitat Pompeu Fabra) para el Observatorio Social La Caixa, las mujeres dedican quince horas más a la semana que los hombres a los trabajos domésticos en España.[42]

La parcialidad y precariedad del trabajo es un fenómeno extendido también entre la juventud y las personas migrantes. En gran parte del mundo, millones de personas trabajan menos de lo que necesitan, muchas otras trabajan más de lo que soportan y demasiadas no consiguen ningún empleo. Reducir la jornada laboral, sin reducción salarial, es un paso necesario para conseguir *lavorare meno per lavorare tutti*, como pedían los trabajadores del otoño caliente italiano de 1969. Es también una reivindicación feminista, ya que permitiría conciliar de forma menos desigual la vida laboral y la vida social. Y es una medida ecologista, porque implicaría menos desplazamientos al trabajo, menos contaminación y gasto innecesario de energía, etc. Pero, sobre todo, sería una vía para avanzar en la liberación de las cadenas del trabajo, para ganar tiempo para la vida.

Contra el escepticismo acerca de las posibilidades de avanzar en ese sentido, frente al conformismo de quienes dieron tantas veces por muerta a la clase trabajadora mundial, es importante que prestemos atención a los síntomas de un cambio profundo que viene desde abajo. El grito: «¡No somos robots!» significa también luchar por una vida que merezca ser vivida.

---

42 «Las mujeres dedican 15 horas más a la semana que los hombres a los trabajos domésticos», *CTXT*/Observatorio Social ‹la Caixa›, *CTXT*, 2 de marzo de 2023.

¿Nacionalizar Amazon?

A fines de septiembre de 2023 se supo que la Comisión Federal de Comercio (FTC, por sus siglas en inglés) y diecisiete fiscales generales de Estados Unidos presentaron una demanda judicial contra Amazon.com, argumentando que la compañía utiliza un conjunto de estrategias «anticompetitivas e injustas» para «mantener ilegalmente su poder monopolístico».

«La demanda de hoy busca responsabilizar a Amazon de estas prácticas monopolísticas y restaurar la promesa perdida de la competencia libre y justa», decía la denuncia de la FTC. Una linda expresión de deseo por parte de quienes defienden un «capitalismo sano». Sin embargo, la idea de que se pueden regular los «excesos» de la concentración monopólica con algunas sanciones y discursos bonitos es tan vieja como el capitalismo mismo. Y nunca ha llevado muy lejos.

A fines de marzo de 2020, dos semanas después del comienzo de la pandemia, un artículo publicado en la revista *Jacobin* proponía nacionalizar Amazon en Estados Unidos: «En lugar de dejar que Amazon utilice el coronavirus para dominar aún más la economía, la empresa debería ser nacionalizada y reorientada para servir al bien público en vez del capitalismo depredador».[43] La nacionalización de la empresa hubiera permitido, según el autor del artículo, no solo proteger los derechos de los trabajado-

---

43 Paris Marx, «Nationalize Amazon» ('Nacionalizar Amazon'), *Jacobin*, 29 de marzo de 2020.

res de la primera línea, sino también garantizar una infraestructura logística al servicio de las necesidades más urgentes de la población.

Nick Srnicek y Alex Williams, autores de varios libros sobre poscapitalismo y firmantes del *Manifiesto por una política aceleracionista* (2103), han argumentado en el mismo sentido. Srnicek defiende la necesidad de nacionalizar Amazon, Google y Facebook, dado que estas empresas son demasiado grandes y controlan demasiados recursos en el espacio digital como para dejarlas en manos privadas. Las empresas digitales monopólicas son sectores de infraestructura estratégica, tal como en el pasado lo era la red ferroviaria o la energía eléctrica. Para este autor, nacionalizar estas empresas significaría «recuperar el control sobre Internet y nuestra infraestructura digital, en lugar de permitir que se dirijan en busca de beneficios y poder. Juguetear con regulaciones menores mientras las empresas de IA acumulan poder no servirá de nada. Si no tomamos el control de los actuales monopolios de plataformas, corremos el riesgo de dejar que dominen y controlen la infraestructura básica de la sociedad del siglo XXI».[44]

En *Inventar el futuro*, Srnicek y Williams plantean que «sin negar la importancia de la logística para el proyecto de explotar la mano de obra barata en todo el mundo, es posible identificar su utilidad para el pos-

---

44   Nick Srnicek; «We need to nationalise Google, Facebook and Amazon. Here's why» ('Necesitamos nacionalizar Google, Facebook y Amazon.Este es el por qué'), *The Guardian*, 30 de agosto de 2017.

capitalismo de varias maneras».[45] Estos posibles usos más allá del capital irían desde el aprovechamiento de un tipo de producción *just in time* que permitiría «que una economía sea sensible a los cambios en el consumo individual», hasta la utilización de «ventajas ambientales comparativas» (el hecho de que, por las condiciones climáticas, un producto puede ser producido con menos huella de carbono en un lugar del planeta que en otro). En tercer lugar, sostienen que «la logística se halla a la vanguardia de la automatización laboral y, por ende, constituye un excelente ejemplo de cómo podría ser un mundo poscapitalista: máquinas zumbando y haciendo el trabajo difícil que de otra forma se verían obligados a hacer los seres humanos». Por todo ello, concluyen los autores: «La logística representa una importante tecnología de transición entre el capitalismo y el poscapitalismo». Los autores sugieren que existen «potenciales inexplorados que esperan a ser descubiertos en las tecnologías que ya se han desarrollado». Para ellos, el desafío de «una izquierda orientada hacia el futuro» pasaría por «determinar cómo las tecnologías específicas podrían reorientarse y movilizarse hacia un proyecto poscapitalista».

A esta propuesta se le ha cuestionado un cierto fetichismo tecnológico, ya que parece confiar en el poder emancipador del desarrollo tecnológico por sí mismo. La idea de una «tecnología de transición entre el capi-

---

45 Nick Srnicek y Alex Williams; *Inventar el futuro. Poscapitalismo y un mundo sin trabajo* (2016), traducción de Adriana Santoveña, Barcelona, Malpaso, 2017.

talismo y el poscapitalismo» resulta problemática, si se omite que la propiedad de esos recursos tecnológicos e infraestructuras está en manos privadas. La perspectiva de los autores de *Inventar el futuro* es muy diferente a la de quienes enfatizan la necesidad de limitar la escala de la producción y el consumo. Y también de quienes rechazan los desarrollos tecnológicos como si estos fueran intrínsecamente destructivos para los seres humanos y la naturaleza, añorando una suerte de «regreso» a un pasado precapitalista.

Ahora bien, no hay por qué caer en el fetichismo tecnológico de unos ni en el sueño del retorno a un pasado precapitalista de otros. El capitalismo imperialista impulsa, a grandes saltos y en medio de enormes convulsiones, la socialización de la producción en sus más variados aspectos: «Arrastra, por decirlo así, a los capitalistas, en contra de su voluntad y su conciencia, a cierto régimen social nuevo, de transición de la absoluta libertad de competencia a la socialización completa» (Lenin *dixit*). El capitalismo alberga contradicciones monumentales en su seno; la producción es cada vez más y más social, mientras la apropiación es cada vez más privada. Además, como muestran trágicamente las tendencias guerreristas y la destrucción del planeta, el capitalismo no solo desarrolla la tecnología a su servicio, para aumentar sus beneficios, sino que al mismo tiempo despliega enormes fuerzas destructivas.

Para inventar otro futuro, habrá que apropiarse de esos recursos tecnológicos, creados por la acumulación de conocimientos y trabajo humano, para ponerlos al servicio de las necesidades sociales, y no de las ganancias de unos pocos. Jeff Bezos tiene razón: sus viajes al espacio los pagamos todos. Es hora de dar vuelta la tortilla. Romper con la irracionalidad capitalista y reorganizar el conjunto de la producción, la circulación y la reproducción en base a principios realmente democráticos. La planificación de la economía por organizaciones de los propios trabajadores y trabajadoras contaría hoy a nuestro favor con los enormes recursos de la ciencia y de la técnica, el Big Data y la informatización del siglo XXI. Claro que el algoritmo por sí mismo no hace nada, y no puede decidir nada de forma democrática. Se trata luchar por una sociedad donde todos los trabajadores y trabajadoras decidan libremente acerca de lo que se produce, cómo se trabaja, cómo se cuida de personas mayores y de los más pequeños, cómo se organiza la reproducción social y también qué cosas superfluas se dejan de producir, si es necesario para avanzar en relaciones más armónicas con la naturaleza. Un proyecto de futuro que llamamos socialismo.